yh 1440

Paris
1800

WIELAND, Christoph Martin

Obéron ou les aventures de Huon de Bordeaux

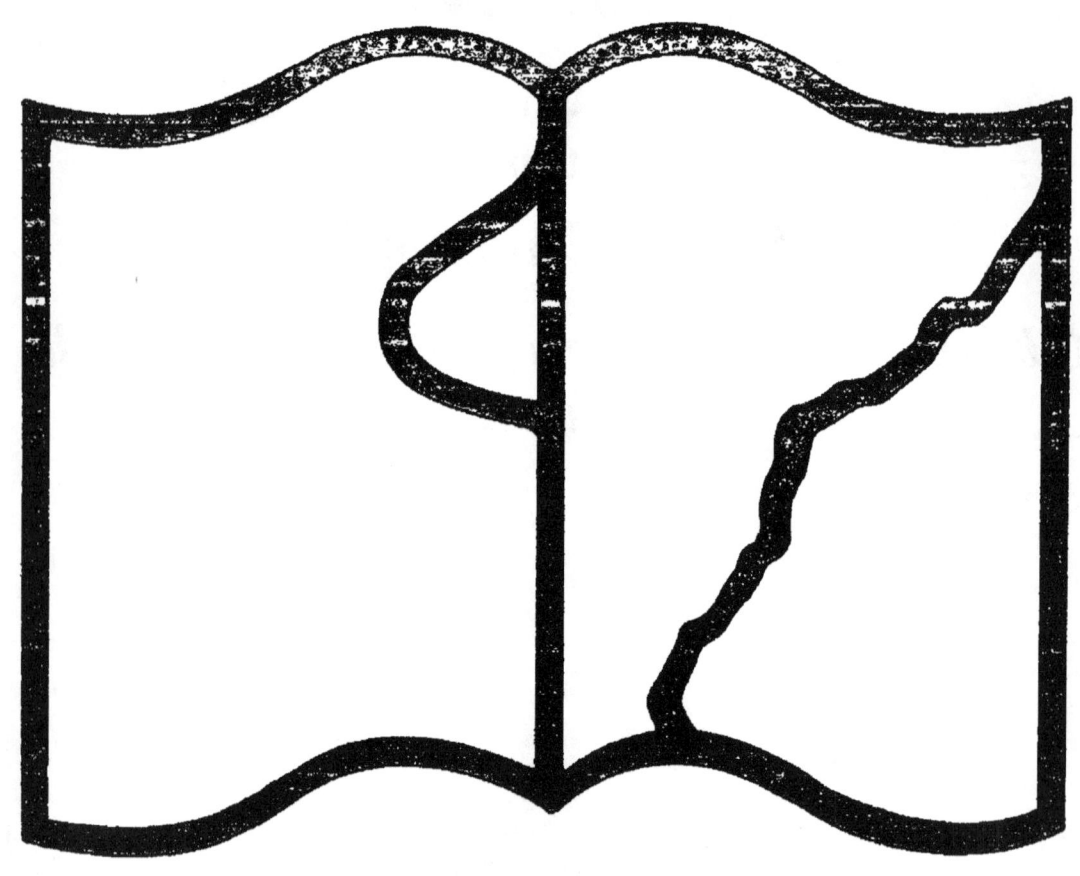

**Symbole applicable
pour tout, ou partie
des documents microfilmés**

Texte détérioré — reliure défectueuse

NF Z 43-120-11

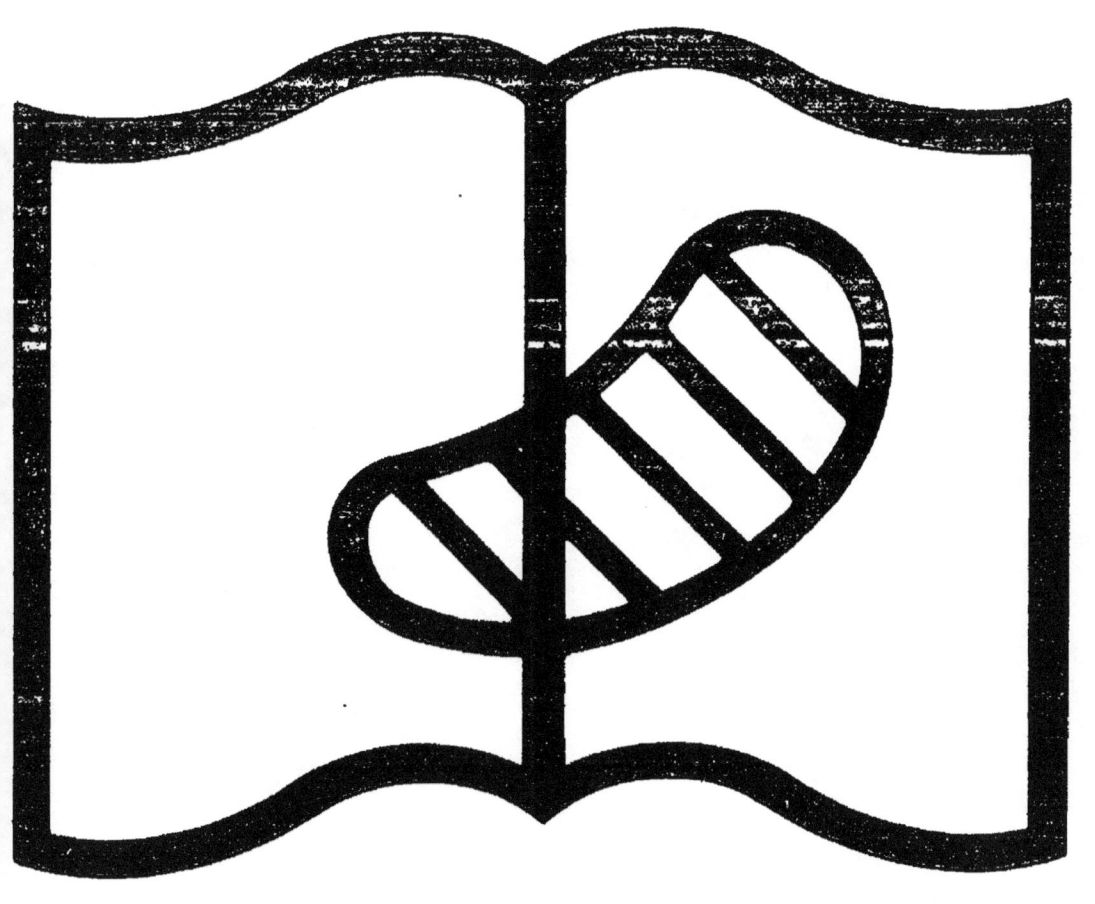

Symbole applicable
pour tout, ou partie
des documents microfilmés

Original illisible

NF Z 43-120-10

KNODERER 1975

Y 6429 (136)
H.Wie.Ba

OBERON

ou

LES AVENTURES

DE

HUON DE BORDEAUX,

Par WIELAND.

TRADUCTION NOUVELLE.

L'on prévient que, conformément à la Loi, l'on poursuivra tout Contrefacteur et Distributeur de cet Ouvrage. Les deux exemplaires ont été remis à la Bibliotheque nationale.

OBERON

ou

LES AVENTURES

de

HUON DE BORDEAUX,

Par WIELAND.

TRADUCTION NOUVELLE.

O l'heureux tems que celui de ces fables,
Des bons démons, des esprits familiers,
Des farfadets aux mortels secourables !
....
On a banni les démons et les fées ;
Sous la raison les graces étouffées,
Livrent nos cœurs à l'insipidité ;
Le raisonner tristement s'accrédite ;
On court, hélas ! après la vérité ;
Ah! croyez-moi l'erreur a son mérite.
Voltaire (ce qui plaît aux Dames.)

A PARIS,

Chez PETIT, Libraire, Palais-Égalité, galerie de bois, n°. 250; et chez les Marchands de Nouveautés.

An 8. — 1800.

Fautes à corriger.

Page 2, ligne 13, l'amour peut-il entraîner, *lisez* l'amour peut-il jeter.

P. 5, ligne 23, le Soleil prépare, *lisez* le Soleil apprête.

P. 60, lignes 15 et 16, mais n'importe en quelque lieu, *lisez* mais n'importe ; en quelque lieu, etc.

P. 86, ligne 3, les portes de l'orient. Une virgule au lieu du point.

P. 95, ligne 7, sous la main qui les pressent, *lisez* qui les presse.

P. 154, ligne 14, eut de nouveaux accès, *lisez* eut de nouveau accès.

P. 166, dernière ligne de l'alinéa, lorsqu'il les quitte des larmes brillent, *lisez* lorsqu'il les quitta des larmes brillèrent.

AVERTISSEMENT
DU
TRADUCTEUR.

L'ouvrage dont on offre la traduction au Public, jouit, depuis plusieurs années, en Allemagne, de la plus grande réputation, et l'on n'en sera pas surpris en apprenant qu'il est du célèbre Wieland. Ce Poëme (ou plutôt ce Roman, car c'en est un) présente à l'imagination du Poëte et du Peintre une foule de tableaux plus agréables les uns que les autres. Le sérieux, l'enjoué, le terrible et le gracieux y sont tour-à-tour employés avec un égal succès. L'amour impétueux, mais toujours constant, du Héros de ce Poëme, la beauté de

Rézia, la candeur de son ame, son courage dans l'infortune, sont faits pour intéresser tous les cœurs sensibles. La bonhommie de Schérasmin, son attachement pour Huon, dont il suit volontairement les pas, les libertés qu'il prend avec lui, son courage tempéré par l'âge et la raison, et quelquefois aussi par les préjugés du tems, répandent, sur cet Ouvrage, une gaieté piquante, et le préservent de cette monotonie que l'on reproche souvent aux Poëmes en général. Celui-ci est fait pour plaire aux femmes, aux gens de lettres, aux gens du monde : il est fait pour être mis à côté des œuvres de tous les Poëtes étrangers qui ont illustré leur pays et accru la masse de nos richesses littéraires. Le Traducteur s'est imposé la loi d'être aussi fidèle et aussi exacte que la différence des deux langues a pu le permettre, et il se trouvera bien récompensé de son travail, si, en lisant cet Ouvrage, le Public peut deviner seulement une partie des beautés dont l'original abonde.

N. B. On a suivi, pour la division des chants de cet Ouvrage, une édition qui a été publiée en 1791. Dans cette édition, M. Wieland n'a presque rien changé à son Poëme; il s'est borné à resserrer dans douze chants les quatorze dont il était composé lorsqu'il parut pour la premiere fois. Cette division lui ayant paru, sans doute, plus régulière, on a cru devoir s'y conformer.

OBERON,

POËME

TRADUIT DE L'ALLEMAND.

CHANT PREMIER.

Invocation et exposition. Huon de Bordeaux part pour Babylone. Il rencontre, dans une forêt près du Liban, Schérasmin, ancien écuyer de son Père, et lui fait le récit de ses aventures, du meurtre de Charlot, fils de Charlemagne, de son combat contre Amory, et des conditions que l'Empereur lui impose pour expier la mort de son fils. Schérasmin part avec Huon.

Muses! encore une fois sellez-moi l'Hippogriffe; je veux voyager dans les régions romantiques. Quel délire s'empare de mon imagination! qui a ceint mon front du bandeau magique? quel être a dissipé le brouillard qui voilait à mes yeux les merveilles du tems passé? Dans la mêlée, je vois briller le glaive du bon chevalier et le fer étincelant des payens : je vois la victoire passer alternativement d'un parti dans l'autre. En vain le vieux sultan rugit de colère, en vain des milliers de lances présentent leurs pointes menaçantes; le cor d'ivoire a fait entendre ses sons chéris...... et tout-à-coup la fureur de la danse s'empare d'eux tous; ils tournent jusqu'à en perdre et l'haleine et les sens. Triomphe, chevalier, triomphe, la belle est à toi. Que tardez-vous? partez! les vents agitent les voiles : allez à Rome faire couronner vos nœuds par le saint pontife. Gardez-vous seulement de cueillir, avant le tems, un fruit bien doux, il est vrai, mais qui vous est encore interdit. Patience! le vent le plus favorable seconde votre fuite : deux jours encore, et vous verrez paraître les côtes dorées de l'Hespérie. Oh! fidèle Schérasmin, sauves, sauves-les, s'il est possible. — Mais, hélas! il est trop tard! ces ames enivrées n'entendent pas même le tonnerre. Infortunés! où vous entraîne un seul instant d'oubli? Ah! l'amour peut-il entraîner dans des égaremens si funestes? Dans quel abîme de douleurs les a-t-il précipités! qui appaisera la colère du jeune demi-dieu? Voyez comme ils sont, balottés par les flots! leurs bras sont entrelacés, heureux encore par l'espoir de périr unis l'un à l'autre. Ah! ne vous en flattez pas! trop irrité contre vous, Oberon vous refuse la mort, dernière et misérable consolation de l'être souffrant. Destinés à des tourmens plus terribles, je les vois nus, sans secours, errer sur un rivage désert : une caverne est leur demeure, leur lit une poignée de roseaux secs ou pourris; leur nourriture, des mûres sauvages que la nature avare a parsemées çà et là sur des buissons arides. Dans leurs besoins pressans, ils n'apperçoivent, dans le lointain, la fumée d'aucune cabane, pas un être secourable, l'univers entier a conspiré leur perte.

Le courroux du génie n'est pas encore assouvi : leur misère n'est pas encore au comble; elle entretient seulement leur flamme criminelle; ils souffrent, mais ils souffrent ensemble. Qu'ils soient arrachés l'un à l'autre! Ainsi tandis que le tonnerre gronde, que l'éclair brille, l'affreuse tempête sépare deux vaisseaux; ils arrivent chacun dans un port différent, et là s'évanouit le faible espoir qu'ils avaient de se réunir. Cette infortune leur manquait encore. O toi qui fus n'aguères leur bon génie, leur ami! dis-moi si les fautes que l'amour fait commettre méritent un tel excès de rigueur! Malheur à vous! je vois des larmes briller dans ses yeux : attendez-vous à tout ce qu'il y a de plus épouvantable quand Oberon pleure! —

Muse, où t'entraîne ton imagination égarée? Regardes, tes auditeurs sont troublés, interdits, et les prodiges que tu vois sont pour eux des mystères. Viens, prends place près de nous sur ce sopha, et, au lieu de crier : Je vois..... je vois..... ce que personne ne voit que toi, fais-nous tranquillement le récit de ces événemens merveilleux. Nous sommes tous attentifs, les yeux ouverts, la bouche béante, et très-disposés à nous laisser tromper, si ton imagination t'en fournit les moyens. — Hé bien soit : commençons.

Le paladin dont nous allons vous raconter les aventures pour vous divertir (s'il est possible), avait fait serment d'aller à Babylone. L'affaire qui l'appelait en cette ville était extrêmement périlleuse, même au tems de Charlemagne : dans le nôtre, pas un seul chevalier ne s'exposerait à pareil danger pour la plus brillante renommée. Avant son départ, il se jette aux pieds de son oncle, le saint pontife de Rome, les arrose des larmes du repentir, après avoir, en bon chrétien, fait l'aveu de ses fautes. » Mon fils, lui dit ce vénérable vieillard en lui donnant la bénédiction, » l'aventure que tu vas entreprendre sera couronnée » du succès : mais avant tout, à ton arrivée à Joppé, » crois-moi, vas visiter le saint tombeau «.

Le chevalier se prosterne, baise humblement sa pantoufle sacrée, jure d'obéir à ses avis, et part plein de confiance.

L'entreprise à laquelle l'empereur l'avait condamné était difficile; mais, avec l'aide de Dieu et de Saint Christophe, il espère la mettre glorieusement à fin. Il débarque à Joppé, un bâton de pèlerin dans sa main, prend la route du saint tombeau, et sent redoubler son courage et sa foi. Il vole delà vers Bagdad, et se croit sans cesse au moment d'y arriver; mais il lui faut franchir auparavant plus d'une montagne escarpée, plus d'un désert, plus d'une épaisse forêt; et malheureusement, la langue du pays lui était aussi inconnue que celle des bords de la Garonne l'était aux pauvres payens. Est-ce là le chemin de Bagdad, demande-t-il à tous les passans, et personne ne comprend la question? Conduit un jour au milieu d'une forêt, il y erre long-tems de droite et de gauche, poursuivi par l'orage et la pluie, obligé souvent de se frayer, avec son épée, un passage au travers d'épaisses broussailles. Il s'élance sur une colline pour observer les objets qui l'environnent. Malheur au pauvre chevalier! il ne voit que des bois. Plus il regarde et plus leur étendue s'accroît à ses yeux. Cet effet naturel lui paraît un prodige. Que va-t-il devenir, lorsque la nuit le surprendra dans ces lieux sauvages, dont en plein jour il lui semble impossible de trouver l'issue? Son inquiétude est au comble. Pas une étoile ne perce la voûte de la forêt. Il conduit du mieux qu'il peut son cheval par la bride, et se heurte à chaque pas la tête contre un arbre. Ce voile épais et sombre dont les cieux sont couverts, ce bois inconnu et un bruit qui retentit pour la première fois dans ses oreilles..... les affreux rugissemens des lions descendus des montagnes, répétés par les rochers d'alentour, rendus encore plus terribles par le silence de la nuit, font trembler, pour la première fois, l'homme qui de sa vie n'avait tremblé. A ces accens épouvantables, il sent ses nerfs se détendre, un frisson glacé parcourt malgré lui tout son corps. L'aventure qui appelle sa valeur à Babylone ne peut même assoupir son effroi. A pied, l'épée nue à la main, tenant son cheval par la bride, il atteint enfin un sentier étroit, pratiqué dans les rochers. A peine il a fait quelques pas qu'il croit appercevoir, dans le lointain, une brillante lumière : son courage se ranime. Partagé entre le doute et l'espoir de rencontrer dans ces lieux sauvages une créature humaine, il dirige sa marche vers cette lueur, qui s'éteint et renaît tour-à-tour, à mesure que le sentier s'élève ou s'abaisse. Mais tout-à-coup, au milieu de roches entassées, une caverne s'offre à ses regards : de ce gouffre sombre jaillissent des feux pétillans ; d'énormes pierres illuminées par eux présentent, dans l'obscurité de la nuit, des figures bizarres ; les buissons en sont éclairés ; ces feux pénètrent à travers les noirs intervalles des arbres, et prennent une teinte verdoyante. Notre chevalier, éprouvant tout-à-la-fois un sentiment de crainte et de plaisir, s'arrête pour considérer cet enchantement.

Cependant, du fond de cet abîme sort une voix de tonnerre qui crie : *arrête!* et tout-à-coup paraît aux yeux du jeune guerrier un homme d'une stature grossière, couvert d'un manteau de peaux de chats sauvages, cousues sans art et flottant à leur gré sur ses larges épaules : une barbe touffue, mélangée de noir et de gris, pendait sur sa poitrine : dans sa main droite il portait, en guise de massue, une branche de cèdre assez pesante pour abattre d'un seul coup le plus vigoureux taureau. Le chevalier, que n'effraie ni l'homme, ni sa barbe, ni sa massue, commence à lui faire connaître, dans la langue de son pays, la seule qui lui soit familière, l'embarras dans lequel il se trouve. Qu'entends-je ! s'écrie plein de joie le vieil habitant des forêts : ô doux accens des rives de la Garonne! le soleil a déjà parcouru seize fois le cercle des étoiles sans que, jusqu'à cette heure, mes oreilles aient été frappées de ces sons enchanteurs. Noble chevalier, ce n'est pas pour me voir, sans doute, que vous avez pénétré dans ce repaire de bêtes farouches: mais n'importe. Venez vous reposer, et contentez-vous des mets que la simple nature vous prépare de ses mains bienfesantes. Le soleil prépare mes repas, et dans cette cave coule nuit et jour un vin qui ne trouble pas la vue.

Le héros, réjoui de cet accueil, suit son compatriote dans la caverne. Il y dépose, avec confiance, son casque et sa cuirasse. Dépouillé de son armure, il a l'air d'un jeune dieu : en voyant sa longue chevelure blonde flotter sur sa taille élégante, l'homme des bois demeure pétrifié d'étonnement, comme s'il eût été touché par la baguette d'Alquife. Oh comme il lui ressemble ! s'écria-t-il enfin ; voilà son front, ses yeux, sa bouche et ses cheveux. A qui donc, demanda le chevalier ?—Jeune homme, pardonnez ; un rêve d'un moment m'a retracé des tems plus fortunés, des tems bien doux, et bien amers aussi. Mais non, cela ne peut être ! Comme vous, cependant, il avait de beaux cheveux qui couvraient ses épaules : en vous regardant, je crois le voir ; oui, voilà son image ; il avait seulement la poitrine plus large, et vos cheveux sont plus blonds que les siens. Vous êtes de mon pays, si j'en crois votre langage, et peut-être n'est-ce pas sans cause que vous ressemblez à ce bon maître que, loin de mes foyers, je pleure depuis seize ans dans ces forêts sauvages. Ah, mon destin a voulu que je lui survécusse ! cette main a fermé ses yeux ; les miens ont versé de fidelles larmes sur sa tombe, et maintenant je le revois en vous : quel prodige !—Le hasard en produit par fois de semblables, dit le chevalier.—Cela se peut, reprit le vieillard ; mais hélas ! l'attrait que je sens pour vous n'est pas une chimère. Refuserez-vous à Schérasmin la faveur de vous appeler par votre nom ?— Mon nom est Huon, fils et héritier du brave Sigevin, jadis duc de Guyenne. — Oh ! mon cœur ne me trompait pas, s'écrie le vieillard en tombant à ses pieds ; ah ! soyez mille fois le bien venu dans ces lieux déserts et inhospitaliers, fils du pieux, du vaillant maître qu'à la fleur des ans j'ai secondé dans plus d'une aventure périlleuse et agréable. Vous bondissiez encore dans vos premiers vêtemens, lorsque nous fîmes vœu d'aller visiter le saint tombeau. Qui aurait pensé alors que, dix-huit ans après, nous nous retrouverions dans les rochers affreux du Liban ? C'est à tort que le voyageur qui, dans la nuit, voit disparaître la dernière étoile se désespère : mais pardonnez, seigneur, la joie m'entraîne malgré moi : j'aurais dû d'abord vous demander quel vent impétueux vous a poussé dans ces climats ?

Sire Huon, fatigué du voyage, s'assied près du foyer, sur un banc de mousse, le vieillard à ses côtés : un rayon de miel, quelques dates sèches, une onde fraîche et pure qui jaillit du rocher voisin, réparent bientôt ses forces épuisées. Il commence ensuite le récit de ses aventures à son hôte, qui ne peut se lasser de le regarder, et retrouve sans cesse dans ses traits quelque chose qui lui rappelle son ancien maître. Il lui raconte d'une manière un peu emphatique, suivant l'usage de l'aimable jeunesse, comment la duchesse sa mère l'avait fait élever à la cour (seul lieu propre à l'éducation d'un prince), instruire dans tous les devoirs de la chevalerie ; avec quelle rapidité s'étaient envolés les doux rêves de l'enfance ; comment, dès qu'un léger duvet eut paré ses joues, il fut appelé à Bordeaux pour y être, en grande pompe, investi de son duché ; comment il passa, sans s'en douter, deux années entières dans le luxe, les festins, les plaisirs de la chasse, et dans les tournois, jusqu'au moment où Amory, l'ennemi de sa maison, l'eut méchamment et en secret noirci auprès de l'empereur, dont son père avait dédaigné la protection ; comment Charles, sous les apparences de l'amitié, l'avait attiré à sa cour, pour recevoir son hommage. Il lui raconte les embûches que lui dressa le baron de Hautefeuille. Cet homme rusé, de concert avec Charlot (le second fils de Charlemagne, le plus méchant petit prince de toute la chrétienté, et qui convoitait les états de Huon), avait formé le projet de le faire mourir pendant qu'il se rendrait à la cour ; et, dans ce dessein, tous deux l'avaient guetté un matin dans la forêt de Montlhéry.

Mon frère Gérard (dit-il) voyageait avec nous. Cet enfant plein d'ardeur, son faucon sur le poing, s'écarta de nous à notre insu, pour se livrer aux plaisirs de son âge. Il lâche son oiseau, court après lui ; et nous, sans défiance, nous suivions tranquillement notre route, quand soudain des cris plaintifs frappent nos oreilles. Nous volons aux lieux d'où ils partent, et nous trouvons Gérardin renversé de cheval, étendu sur la terre, tout couvert de sang et de poussière. Un page, qu'aucun de nous ne reconnut pour Charlot, se tenait près de lui, dans le dessein de l'achever ; à ses côtés était un nain avec le faucon. Enflammé de colère, je lui crie : » Barbare ! que t'a
» fait cet enfant désarmé pour le traiter ainsi ?
» Retires-toi ; et si tu as encore l'audace de le
» toucher du doigt seulement, mon bras, secondé
» par ce glaive, saura t'en punir. — Ah te voilà ! me
» répondit-il, c'est toi que je cherche. Il y a déjà
» long-tems que mon cœur, altéré de vengeance,
» brûle de s'abreuver de ton sang. Si tu ne me connais
» pas, apprends que je suis le fils de Thiéry, duc
» des Ardennes. Ton père Sigevin (puisse le ciel ne
» le lui pardonner jamais !) ton père a, dans un
» tournois, remporté, par artifice, la victoire sur le
» mien, et ce n'est que par la fuite qu'il a pu se
» soustraire à sa fureur, mais j'ai fait serment de le

» venger, et ta tête va me dédommager de la
» sienne «.

Disant ces mots, il s'élance sur moi. Ne pouvant m'attendre à une action si déloyale, je n'étais point armé de ma lance. Mon bras gauche, que j'enveloppai à la hâte dans mon manteau, para heureusement le coup qu'il allait me porter, et du pommeau de mon épée, je lui en portai un si violent, qu'il en perdit aussi-tôt la respiration. En un mot, il tomba pour ne plus se relever, et bientôt la forêt se remplit de cavaliers; mais cette troupe timide n'avait nulle envie de venger le trépas de cet audacieux. Pendant que nous pansions les blessures de mon frère, ils se tinrent éloignés et en silence; et dès que nous disparûmes à leurs yeux, ils placèrent le cadavre sur un cheval, et le conduisirent au palais de l'empereur.

Ignorant sous quel aspect mon action lui serait présentée, je continuai ma route sans m'inquiéter de l'avenir. Nous arrivâmes. Mon vieil oncle, l'abbé de Saint-Denis, homme d'une haute sagesse, nous assura, d'après ce qu'il avait oui-dire, que nous serions bien reçus, et que tout irait au gré de nos désirs; mais au moment qu'on allait se mettre à table, Hautefeuille s'arrêta devant le palais avec le corps de Charlot. Douze jeunes garçons, couverts de crêpes noirs, le portèrent au haut des degrés : à ce spectacle chacun resta muet et immobile. Le cortége s'avance, les portes s'ouvrent et les douze spectres déposent au milieu de la salle une civière couverte de linges souillés de sang. L'empereur pâlit, nos cheveux se hérissent : je crus être frappé de la foudre. Cependant, Amory parait; il soulève le voile sanglant qui

couvrait le cadavre. » Voilà ton fils, dit-il à Charles,
» et voilà le téméraire qui vient de plonger dans le
» deuil et l'empire et toi. Le destin a voulu que
» j'arrivasse trop tard. Ton fils, trop peu défiant, a
» vu trancher ses jours dans une forêt, par un
» assassinat, et non au champ de l'honneur, par
» la main d'un chevalier, comme doit périr un
» héros «.

Malgré les chagrins que ce méchant Prince
causait à son père, il n'en était pas moins son fils,
son propre sang. Charles resta d'abord immobile,
puis tout-à-coup se précipitant sur son corps, il
s'écria du ton le plus douloureux, ô mon fils,
mon cher fils ! son désespoir, ses accens paternels
déchirèrent tellement mon cœur que dans cet affreux
moment j'aurais donné le plus pur de mon sang
pour rendre Charlot à la vie. » Daignez m'écouter,
» Seigneur, m'écriai-je, mon crime fut involon-
» taire, il s'est fait passer pour le fils du Duc des
« Ardennes, il a frappé cet enfant qui n'avait point
» provoqué sa colère, il a cherché par ses discours
» à ternir l'honneur de mon père, et sans que je
» m'y attendisse il s'est élancé sur moi comme un
» meurtrier. Seigneur, je vous le demande, quel
» homme fut demeuré insensible à tant d'outrages «?
— Ce discours enflamme le courroux du vieux
Charles, il s'arrache du cadavre de son fils, lance
sur moi des regards furieux, saisit le fer des mains
d'un de ses gardes, et m'en aurait percé, si les
princes qui l'entouraient ne l'eussent retenu. Aussi-
tôt l'ordre des Chevaliers s'agite, s'empresse, et
l'éclat de cent glaives étincelans semble réveiller

dans tous les cœurs la soif du sang. Les voûtes du Palais retentissent de cris affreux, elles en sont ébranlées, les mots de meurtre, de trahison sont dans toutes les bouches! on eût dit que les langues allaient de nouveau se confondre. On s'irrite, on se heurte, on menace. L'Abbé de St-Denis, que la robe de St Bénoît met seul à l'abri des outrages, se jette au milieu des épées, son scapulaire en main. » Respectez en moi, s'écrie-t-il d'une voix » forte, le Saint dont je suis un des enfans! Au » nom du Dieu que je sers, je vous commande » la paix «. — Son air, et le ton dont il prononça ces mots auraient fait rentrer dans le devoir des payens mêmes. Le tumulte s'appaise, le calme renaît, les poignards et les épées rentrent dans leurs fourreaux. Alors l'Abbé fait à l'Empereur le récit exact de l'événement. La persuasion était sur ses lèvres; mais hélas, le corps du fils est là et crie vengeance! » Voyez ce cadavre, s'écrie le malheureux père, et » prononcez la sentence à l'assassin de mon fils, » prononcez-la pour moi. Oui, mon fils, son sang » appaisera tes manes irrités! qu'il meure et que » son corps serve de pâture aux bêtes sauvages «. A ces mots la colère s'empare de tous mes sens. — » Non, je ne suis point un assassin, m'écriai-je » d'une voix de tonnerre; la justice ne préside » jamais aux arrêts de celui qui prononce dans sa » propre cause. Amory, mon accusateur, est un » traître, Seigneur; je suis venu de plein gré dans » ces lieux, j'y suis libre, et je veux au péril de » ma vie prouver à cet homme perfide qu'il est un » fourbe, un imposteur, et qu'il le sera aussi long-

CHANT PREMIER.

» tems que son souffle impur empoisonnera les airs.
» Le malheur dont vous gémissez est son ouvrage,
» c'est lui qui en a ourdi la trame. Comme lui je
» compte des Princes parmi mes ayeux, je suis Pair
» du Royaume, j'en réclame les droits, l'Empereur
» ne peut me les refuser! voilà mon gant! qu'il
» ose le relever, et que le ciel dans sa justice décide
» contre lequel de nous deux la voix de ce sang
» doit tonner dans les enfers! je dois mon courage
» à mon innocence, Seigneur, la foudre vengeresse
» ne peut m'effrayer «.

Les Princes de l'Empire se rangent de mon côté; chacun d'eux voit dans mon arrêt ses droits attaqués. Ils murmurent comme la mer, quand la tempête gronde au loin. Ils pressent, ils conjurent, ils font parler les loix, mais en vain! rien ne peut émouvoir le père, dont les yeux sont fixés sur le corps sanglant de son fils : il est sourd aux prières de Hautefeuille lui-même, qui regarde une victoire à remporter sur moi comme un jeu facile. » Souffrez, dit-il, Seigneur, » que je punisse ce téméraire; dans ce combat j'aurai » pour soutien le devoir et la justice «. Ah! m'écriai-je enflammé de honte et de colère, tu veux railler perfide! tremble, la foudre du Dieu vengeur ne sommeille pas toujours. — » Mon glaive, lâche » assassin, reprit Hautefeuille, va tomber sur ta » tête à coups redoublés «. Cependant Charles que mon courroux irrite de plus en plus, ordonne à sa garde de me saisir. Cet ordre violent excite de nouveau l'indignation de l'assemblée; le fer brille, il est prêt à défendre les droits de la chevalerie. Qu'on l'arrête, dit encore une fois l'Empereur;

mais les chevaliers m'entourent; la fureur se peint sur son visage; en vain le saint ministre menace des censures de l'Eglise, sa voix se perd dans la foule. Le destin de l'Empire semble ne tenir qu'à un fil. Les vieux Conseillers se jettent aux genoux du Prince; ils le conjurent d'avoir égard aux droits de la chevalerie, plus ils l'implorent et plus il est inflexible; enfin le Duc Nayme qui, dans le cours de sa vie a souvent aidé Charles de ses conseils, lui parle en secret, et se retournant vers nous, il annonce que l'Empereur consent au combat.

A ces mots, le tumulte cessa, et les chevaliers se retirèrent. L'empereur fixa le combat à huit jours; sa colère semblait plus tranquille, et son regard moins sévère; mais ce n'était qu'en apparence. Mon orgueilleux adversaire se pavanait d'avance, en homme sûr de la victoire, quoiqu'au fond de son ame un accusateur secret ébranlât son courage; mais il connaissait toute la vigueur de son bras: il avait déjà brisé des forêts de lances; jamais ennemi ne l'avait fait trembler; il se plaisait sur-tout dans les combats à outrance: toutefois sa fierté et sa force gigantesque le trahirent dans cette occasion. Il arrive ce jour tant attendu; le peuple s'assemble. Couvert de mon bouclier d'argent, encouragé, j'ose le dire, par des regards bienveillans, je parais devant la barrière; mon accusateur y était déjà. Le vieux Charles, entouré de ses pairs, était placé sur un balcon: il semblait altéré de mon sang, et jetait sur Amory des regards d'intelligence. Le soleil est au milieu de son cours; les juges prennent leurs places. Le fier Hautefeuille attend, avec impatience, que la trompette donne le signal : elle sonne, et nous nous précipitons l'un sur l'autre avec tant de violence, que nos coursiers tombent sur leurs genoux, nous quittons à la hâte les étriers, et, dans un clin-d'œil, l'épée brille dans nos mains. Amory me surpassait en vigueur, en colère, en expérience. Mon innocence me soutenait; elle rendait ma force égale à mon courage. Le combat fut long-tems douteux. Le sang du traître coulait déjà par plus d'une blessure; j'étais encore frais. En voyant sa cuirasse teinte de son sang, une fureur nouvelle s'empare du farouche Amory : il s'élance sur moi, tel qu'un ouragan qui renverse et dévaste tout ce qui s'offre sur son passage. Les coups se succèdent avec la rapidité de l'éclair : je résiste avec peine à une force si supérieure; je cède, mais sans perdre de terrein : mes yeux jugent les coups qu'on va me porter, et mon bras les prévient. Cependant, ma vigueur s'épuise, je deviens pâle; mon adversaire s'en apperçoit; il saisit des deux mains sa redoutable épée; il veut d'un seul coup terminer le combat; j'évite ce coup terrible, et, sans lui laisser le tems de reprendre l'équilibre, je lui en porte un si violent à la naissance du col, qu'un bruit sourd en retentit dans les oreilles du traître; sa main affaiblie abandonne son épée; l'orgueilleux tombe à mes pieds, je me jette sur lui : Confesse ton crime, lui dis-je; si la vie a encore du prix à tes yeux, confesse dans ce lieu........ Tiens, malheureux, s'écrie Amory, en rassemblant toutes ses forces pour me frapper, tiens, voilà ma réponse, et suis-moi dans les enfers! Le coup, porté d'une main peu sûre, ne fit qu'effleurer mon bras gauche; mais, dans mon aveugle colère, j'oublie qu'Hautefeuille a besoin encore d'un reste de vie, pour apprendre à Charles la vérité; je lui plonge ma large épée dans la gorge. L'ame du perfide s'envole au milieu de flots de sang. Absous par le trépas de mon accusateur, je me tiens debout devant l'assemblée : la voix d'un hérault proclame ma victoire; un cri de joie retentit dans les airs. Les chevaliers s'empressent d'étancher le sang qui coule au travers de ma cuirasse, et me conduisent vers l'empereur. Charles, contenant encore sa colère, demande si ce nouveau meurtre rendra son fils à la vie, si mon innocence a été reconnue, si Hautefeuille en mourant s'est rétracté. » Que Huon, dit-il, soit à » jamais banni de notre empire, et que tous ses états » soient réunis à la couronne « !

Cet arrêt était sévère; sévère était la bouche qui le prononçait; et, pour en arrêter l'effet, nous ne pouvions qu'implorer sa clémence. Pairs et chevaliers, nous nous prosternâmes au pied de son trône ; nous fléchîmes le genou, et déjà l'espoir de l'attendrir nous abandonnait, quand enfin il rompit le silence et dit : » Princes et chevaliers, puisque vous l'exigez, » j'y consens ; mais écoutez la condition que je mets » à cette grace : elle est irrévocable «. — A ces mots, inclinant vers moi son sceptre. — » Je te pardonne, » me dit-il; mais il faut à l'instant sortir de mes états, » et n'y rentrer qu'après avoir exécuté de point en » point ma volonté souveraine, sinon, ta mort est » inévitable. Pars pour Babylone ; et à l'heure où, » dans toute sa pompe, le calife se livre, avec les » émirs, aux plaisirs de la table, entres et abats la » tête à celui qui sied à sa gauche, et que son sang

» en rejaillisse sur la table : voles ensuite auprès de
» l'héritière de son trône, placée à la droite de son
» père, et embrasses-la publiquement trois fois
» comme ton épouse. A ce spectacle imprévu, le
» calife, étonné de tant d'audace, demeurera interdit;
» saisis cet instant, élances-toi sur le dossier du
» sopha d'or sur lequel il repose à la manière des
» orientaux ; arraches-lui quatre de ses dents, et
» une poignée de sa barbe grise. Voilà le présent que
» j'exige de toi; il sera le sceau de notre réconciliation.
» Ta grace et ma faveur sont à ce prix ». — Après ces
mots, l'empereur se tut. Il n'est pas besoin de
peindre notre surprise à tous : chacun voyait qu'un
tel ordre était à-peu-près l'équivalent d'un arrêt de
mort. Un murmure sourd se fit entendre dans la
salle. » Par Saint Georges! (s'écria un chevalier qui,
» dans la carrière pénible des Tristan et des Lancelot,
» avait mis à fin plus d'une aventure (je ne suis pas
» homme à m'effrayer de peu de chose : là où l'on
» expose sa tête, j'expose volontiers la mienne ; mais
» le sire de Gavin, tout brave qu'il était, n'aurait
» pas hasardé ce que l'empereur vient de prescrire à
» Huon «.

Que te dirai-je de plus? Il était évident que Charles
en voulait à mes jours. Enfin, soit désespoir, soit
témérité, soit qu'un secret pressentiment échauffât
mon courage, je m'avançai et dis avec assurance:
« Ce que vous m'ordonnez, seigneur, ne peut
» ébranler ma valeur. Je suis français ! que cette
» aventure soit possible ou non, je l'entreprends.
» Soyez tous témoins de ma promesse, illustres
» chevaliers «. Digne Scherasmin, si tu me vois dans

B

ces lieux, c'est à ce serment que tu le dois. Je pars pour Babylone : si tu veux me servir de guide pour sortir de ces montagnes, comptes sur ma reconnaissance, sinon, j'en chercherai seul l'issue. — Mon cher maître, répond l'homme des rochers, vous me tirez du sein de la tombe pour me donner une nouvelle vie... et des larmes de tendresse inondent sa longue barbe. — Je jure de vivre et de mourir avec vous, digne fils et héritier de mon ancien maître. Cette main desséchée n'est pas encore sans vigueur; elle peut servir de saintes entreprises : celle que l'empereur exige de vous est difficile, sans doute, mais elle doit mener à la gloire; il suffit : je serai votre guide, et mon courage soutiendra le vôtre jusqu'à la dernière goutte de mon sang. Le jeune prince, touché de tant de fidélité, saute au cou du vieillard, l'embrasse et le mouille des larmes de la reconnaissance. Bientôt après ils s'étendent sur un lit de paille : le paladin y repose aussi tranquillement que sur le duvet; et dès que le jour paraît, il s'éveille plein d'ardeur, se revêt de son armure, et se dispose à partir. Le bon Schérasmin, son bissac sur le dos, le précède, un bâton dans sa main.

CHANT SECOND.

Huon et Schérasmin défont une troupe d'Arabes. Entrée de nuit dans une forêt. Terreur de Schérasmin. Orage, Procession, Danse singulière des Moines et des Nonnes. Oberon se fait connaître au Chevalier.

Nos guerriers franchirent en deux jours le Liban, tantôt à la clarté du soleil, tantôt à la lueur des étoiles, se reposant sur un gazon touffu, à l'ombre des cèdres antiques, dès qu'ils se sentaient accablés par les rayons brûlans du midi. Là, divers oiseaux étalaient à leurs yeux les riches couleurs de leur plumage, charmaient leurs oreilles par des chants mélodieux, se livraient, sur les branches, aux plaisirs de l'amour, et partageaient leur frugal repas. Le troisième jour, ils apperçurent, sur une hauteur voisine, un grouppe de cavaliers. — Ce sont des arabes, dit Schérasmin, il serait prudent de s'écarter de la route de ce peuple grossier. Je les connais : ce sont des hôtes incommodes. — A quoi songes-tu ? reprit le fils de Sigevin : quand as-tu ouï-dire que des francs prennent la fuite ? — Les enfans des déserts, attirés par l'éclat du casque de Huon, que les rayons du soleil transforment à leurs yeux en autant d'escarboucles et de rubis, accourent, avec impétuosité, armés de sabres, d'arcs et de flèches. Un homme à cheval, un homme à pied, leur semblent à peine des ennemis dignes d'être attaqués; mais bientôt ils connurent leur erreur. Couvert de

son bouclier, le jeune héros s'élance au milieu d'eux;
et d'un terrible coup de lance, il renverse celui qui
paraissait être leur chef: des flots de sang s'échappent
de sa bouche et de ses narines. Pour venger sa mort,
la horde armée de sabres et de javelots se précipite
sur son vainqueur; mais Schérasmin, qui le couvre
de tout son corps, abat du premier coup un de ces
audacieux. Huon attaque les autres avec tant d'ardeur, qu'il a bientôt fait vider les arçons à un
second, puis à un troisième : à chaque coup vole
une tête ou bien un bras armé de son épée. Le
vieillard ne se sert pas avec moins de succès de son
énorme bâton. Les payens, épouvantés, invoquent
en jurant leur Mahom, et celui qui peut encore se
soustraire à la mort fuit à toute bride. La terre est
jonchée de cadavres mutilés d'hommes et de chevaux
entassés pêle-mêle. Dès que le nouvel écuyer eut fait
choix, dans le butin, du cheval le plus vigoureux et
de la meilleure épée, le héros presse les flancs poudreux de son coursier haletant, et dirige sa marche
rapide vers des vallons qui, du pied de la montagne,
offrent à ses yeux leur vaste étendue.

Il entre dans un pays bien cultivé, coupé en
divers endroits par des ruisseaux : les campagnes
sont couvertes de troupeaux, et les prairies émaillées
de fleurs. De paisibles cabanes éparses çà et là parmi
les palmiers servent d'asyle aux habitans basanés de
ces climats, qui se livrent gaiement aux travaux de
la journée, et se croient riches au sein de l'indigence;
quand la faim et la fatigue les appellent sous un
ombrage frais, ils partagent de bon cœur avec le
pèlerin leur champêtre repas. Accablé par les rayons

brûlans du soleil, le chevalier s'arrête en ces lieux : une bergère lui présente du pain trempé dans du lait. Il s'étend sur le gazon, et ces bonnes gens, à demi-effrayées, l'examinent à la dérobée; mais son air et ses regards les rassurent bientôt. Déjà les enfans osent jouer avec sa chevelure; leur confiance plaît au brave guerrier; il devient enfant avec eux, et se mêle à leurs jeux innocens. Ah! qu'il serait heureux, se dit-il, d'habiter ces cabanes! Vain souhait : son destin l'appelle ailleurs. Le soleil est sur son déclin. En quittant ces bons pasteurs, le cœur de Huon est attendri. Pour les remercier de leur bon accueil, il jette une poignée d'or dans le sein d'une bergère; mais ces heureux mortels ne connaissaient pas l'or : c'était sans le desir et sans l'espoir d'un salaire qu'ils exerçaient l'hospitalité; le chevalier fut obligé de reprendre ses dons.

Ils partent, et arrivent, aux approches de la nuit, à l'entrée d'une forêt. Ami, dit le paladin, l'impatience sera mon partage jusqu'au moment où j'aurai rempli mon serment. Enseignes-moi le chemin le plus court pour aller à Bagdad : il me semble être en route depuis quatre ans entiers. Le chemin le plus court traverse cette forêt, répond Schérasmin; mais je ne vous conseille pas de vous y engager : on n'en parle pas avantageusement. Ce qu'il y a de sûr, c'est que tous ceux qui s'y sont hasardés n'en sont jamais revenus. Vous souriez? croyez-moi, seigneur, un méchant génie habite cette forêt; elle abonde en renards, en cerfs, en chevreuils, qui ont été des hommes comme nous. Le ciel sait dans quelle espèce de bêtes sauvages nous allons être transformés.

— Que ce chemin conduise à Babylone, reprit le fils de Sigevin, c'est tout ce qu'il me faut; le reste n'est pas fait pour m'effrayer. — Souffrez, seigneur, que je vous conjure à genoux, au nom du ciel que j'implore, de renoncer à cette entreprise : c'est plus pour vous que pour moi. Mais la résistance et la fuite sont également inutiles contre ce mauvais génie. En prenant une autre route, vous arriverez cinq ou six jours plus tard, et vous n'arriverez encore que trop tôt à Bagdad. — Si tu as peur, dit le chevalier, reste en ces lieux; j'irai seul : j'y suis résolu. — Non pas, s'il vous plaît, s'écrie Schérasmin : la mort a bien toujours quelque chose de rebutant; mais celui qui abandonne son maître est un misérable : puisque vous y êtes déterminé, je vous suis sans hésiter. Que Dieu et Sainte Marie daignent nous protéger! — Partons, dit Huon, et il s'enfonce dans le bois. Le vieillard l'accompagne en frissonnant. Ils avaient à peine trotté deux cents pas à la faible clarté du crépuscule, qu'ils voient bondir à droite et à gauche des grouppes de cerfs et de chevreuils qui s'avancent vers eux : leurs regards compatissans, leurs yeux remplis de larmes semblent les inviter à rebrousser chemin; ils ont l'air de dire : Fuyez, malheureux que vous êtes! C'est du moins ce que, dans l'obscurité, crut remarquer Schérasmin. Vous le voyez, dit-il à voix basse; m'en croirez-vous une autre fois? Vous ai-je trompé? Ces animaux qui, par pitié, s'opposent à notre passage, sont des hommes comme je vous l'ai dit, et, si vous allez plus avant, vous aurez bientôt à lutter contre le génie. Ne soyez pas si téméraire, et, dédaignant les conseils d'un ami, n'allez pas vous précipiter dans un abîme de maux ! Eh quoi ! vieillard, dit le héros, je vais à Bagdad pour demander humblement au calife une poignée de sa barbe et quatre de ses dents, et tu veux que je me laisse effrayer aux apparences d'un danger incertain ? Qu'as-tu fait de ta raison ? qui sait ? ce génie est peut-être le meilleur de mes amis. Quant à ces animaux, ils ne me paraissent nullement redoutables : tu vas voir comme, en un moment, je vais les disperser. Disant ces mots, il fond sur eux, et bientôt tout cède et se dissipe ainsi qu'une vapeur légère.

Sire Huon et son guide continuent quelque tems leur route sans parler et sans être inquiétés. Le jour avait disparu, et la sombre nuit versait ses pavots : tout dans l'univers était plongé dans un profond sommeil, et le silence du tombeau regnait sur la vaste étendue de la forêt. Cependant, le bon vieillard ne peut se contenir plus long-tems. — Pardonnez, seigneur, dit-il, si je vous interromps dans vos rêveries ; c'est un de mes faibles, il faut l'avouer, mais j'aime à parler dans l'obscurité ; c'est une habitude de mon enfance. Au silence qui regne en ces lieux, on dirait que le grand Pan est mort ; et sans le bruit que font les pieds de nos chevaux, on entendrait, je crois, la taupe creuser sa demeure souterraine. Vous croyez peut-être que j'ai peur ? cependant, les qualités que nous possédons étant toutes des dons de la nature, je puis dire, sans passer pour un fanfaron, ce qu'ont vu beaucoup de gens qui vivent encore. Au milieu du cliquetis des armes, à la guerre, dans les tournois, homme contre homme, fussent-ils même deux ou trois à-la-fois, je suis tout près, parce qu'alors on peut se fier à la vigueur de son bras. En un mot, un ennemi a-t-il de la chair et du sang, je suis son homme; mais, je l'avoue, je ne puis entrer à minuit dans un cimetière sans sentir mon chapeau trembler quelque peu, et je n'oserais regarder en face un génie. En effet, à quoi me servent et mon bras et mon épée, quand il pleut sur mes épaules des coups invisibles? Supposons (et il y en a des exemples) que d'un revers j'abatte la tête à un esprit; pendant qu'elle roule, une autre l'a déjà remplacée : il arrive souvent que, pour se divertir, le tronc court après sa tête, la ramasse et la remet en place, comme si c'était un chapeau que le vent eût fait tomber. Dites-moi, je vous prie, que faire pour s'en garantir? Vous savez qu'à l'heure où le coq chante, entre onze heures et minuit, tous ces êtres qui errent dans l'obscurité ne sont que des spectres, des revenans : on dirait qu'ils sont amenés sur les ailes des vents. Mais le lutin qui habite en ces lieux est un esprit d'une nature particulière : il tient ici cour plénière, il boit, mange, est fait tout comme nous, et se promène en plein jour. — Tu fais de ton mieux, répond le fils de Sigevin, pour exciter ma curiosité. On parle beaucoup d'esprits; on débite tant de mensonges à leur sujet, que des hommes de notre sorte ne savent qu'en penser. Il vint une fois à notre cour un homme profondément savant (le curé l'appelait un ma......nichéen); il jurait qu'il n'existait pas d'esprits, et traitait d'imbéciles tous ceux qui prétendaient en voir. Ils se disputaient souvent sur cette matière auprès d'un pot de vin; et quand le dernier verre commençait à leur monter à la tête, ils mêlaient, dans leur entretien, tant de grec et de latin, qu'à peine si j'en pouvais comprendre un mot. Fort bien! me disais-je à moi-même, vous raisonnez très-savamment; mais on ne sait bien que ce qu'on apprend par expérience. Je voudrais bien qu'un esprit me fit l'honneur de me rendre visite, et me dît au juste ce qu'il en est.

Cependant nos voyageurs arrivent, sans s'en douter, à une étoile formée de tant de routes tortueuses, qu'en s'y engageant il était presque impossible de ne pas s'égarer. La Lune était alors dans son plein; sa lumière trompeuse et le clair obscur qu'elle répand sur les objets les confondent et abusent l'œil qui cherche une issue. — Seigneur, dit Schérasmin, nous voici dans un labyrinthe; le seul moyen d'en sortir, est de nous confier à notre bonne fortune. Ce conseil, meilleur que ne le pense plus d'un sage, conduit bientôt nos paladins vers une vaste enceinte, où aboutissent toutes les routes de la forêt. Ils apperçoivent, dans le lointain, un superbe château, qui s'élève majestueusement dans les airs. Huon, immobile et muet, le considère avec des yeux où se peignent tour-à-tour le plaisir et l'effroi; il croit qu'un vain songe l'abuse. Tout-à-coup les portes d'or s'ouvrent, et l'on en voit sortir un char conduit par des léopards. Un enfant, beau comme l'amour, était assis sur ce char d'argent : sa main tenait les rênes. — Il vient à nous, mon cher maître! s'écrie Schérasmin épouvanté : en disant ces mots, il saisit la bride du cheval de Huon, et l'attirant à lui : nous sommes perdus; fuyez, fuyez, vous dis-je, voilà le nain! — Il est si beau! dit le chevalier. — Eh tant pis!

fuyez, quand il le serait dix fois plus encore : fuyez, sinon c'en est fait de nous! Le chevalier fait de vains efforts pour s'arrêter : le vieillard qui galoppe en avant l'entraîne dans sa course rapide : il le force à franchir les troncs renversés, les pierres, les buissons, les fossés, jusqu'à ce qu'ils soient hors de ce bosquet. Ils sont poursuivis, dans leur fuite, par l'orage, la pluie, la foudre et les éclairs. La nuit la plus effroyable absorbe la clarté de la Lune ; autour d'eux ils n'entendent que le sifflement des vents, le bruit des arbres qui s'entre-choquent : on eût dit que la forêt entière se brisait en éclats ; tous les élémens en courroux sont déchaînés. Cependant, au milieu de cette tempête, on entend, par intervalle, les sons aimables et doux de la voix du génie. » Pourquoi » me fuis-tu? c'est ton bonheur que tu fuis. Huon, » prends confiance en moi, retournes sur tes pas «. — Si vous y consentez, vous êtes perdu, seigneur, lui crie Schérasmin, partons, partons, bouchez-vous les oreilles et ne répondez rien. Ses intentions ne sont pas pures. — Accablés par l'orage, inondés par la pluie, ils franchissent de nouveau les broussailles, et parcourent les chemins battus ; mais les murs d'un couvent suspendent bientôt leur fuite précipitée.

Nouvelle aventure! le jour de cette tempête était justement celui de la fête de Sainte Agathe, patrone des vierges de ce couvent. Non loin delà était une habitation de disciples bien nourris de Saint Antoine. Les deux ordres, en bons voisins, fesaient ensemble une procession. Ils marchaient lentement deux à deux, les rangs bien observés. Ils étaient déjà près de leur sainte demeure, quand l'orage les essaillit.

Les croix, les bannières, les scapulaires deviennent bientôt les jouets des vents; la pluie tombe à flots dans les replis des voiles : on veut en vain conserver l'ordre de la marche; la piété s'envole; tout se disperse çà et là, et offre aux regards un désordre comique et des figures plus bizarres les unes que les autres. Là se traîne dans la boue une nonne retroussée jusqu'aux genoux ; ici c'est un moine qui glisse en courant, et qui, de peur de tomber sur un grouppe de jeunes sœurs fuyant devant lui, s'accroche plein d'effroi à la jambe de l'abbesse. Mais l'orage ayant enfin épuisé sur eux sa fureur, la troupe inondée et couverte de boue arrive dans l'avant-cour du cloître.

Le tumulte et la confusion regnaient encore parmi les moines; les portes étaient toutes grandes ouvertes; Schérasmin se précipite au milieu d'eux : une fois sur cette terre consacrée, il se croit aussi en sûreté que dans le ciel même. Huon le suit : il allait parler pour s'excuser; mais à l'instant le nain paraît. Tout-à-coup les nuages se dissipent, le ciel s'éclaircit, l'air devient doux, et la terre aussi sèche qu'auparavant. Le nain se tient au milieu de la foule, beau comme l'est à l'aurore un ange nouvellement créé. Il s'appuie sur une branche de lys, un cor d'ivoire pend sur ses épaules. Malgré sa beauté, une terreur inconnue s'empare de tous les esprits ; car on voit regner sur son front une gravité sombre, une colère concentrée. Il approche son cor de ses lèvres, en tire des sons enchanteurs, aussi-tôt le vieillard est saisi d'un vertige; il ne peut résister au désir de danser; il s'empare d'une nonne édentée, qu'un même désir enflamme ; il saute et bondit comme un jeune chevreau ; il la fait tourner avec tant de rapidité que ses voiles et ses vêtemens s'élèvent dans les airs et excitent un rire général. L'exemple gagne bientôt tous les habitans du cloître : chaque moine prend la main d'une nonne, et commence un ballet tel que peut-être on n'en verra jamais. Frères et sœurs oublient toute règle et toute discipline : c'est une véritable danse de faunes et de driades : là vole une guimpe, ici se montre une jambe et quelque chose de plus, et personne ne s'en apperçoit. Le chevalier, seul exempt de cette contagion, rit de tout son cœur; (qui aurait pu s'en empêcher?) en voyant cette danse bizarre, en voyant s'élever dans les airs ces épais vêtemens, avec quelle légèreté les jeunes nonnes effleurent le gazon, la facilité avec laquelle les contours voluptueux de leur taille se prêtent à tous les mouvemens. Il se plaît à voir comme l'aimable nature se déploie lorsqu'elle est affranchie de toute contrainte. Le beau nain, cependant, s'approche du guerrier, et lui adresse, d'un air grave, la parole dans sa langue. — Pourquoi me fuis-tu, Huon de Guyenne? — Es-tu muet? — Par le dieu du ciel que j'adore, réponds-moi? — A ces mots, la confiance renaît dans le cœur de Huon. — Que me veux-tu? dit-il. — Ne crains rien, reprend le génie, celui dont la lumière du jour n'alarme pas la conscience, est un frère pour moi. Je t'aime depuis ton enfance, et les biens que je te destine, je ne les ai accordés à aucun mortel. Quand le devoir et l'honneur t'appellent, tu ne t'informes pas s'il y a des dangers; ton cœur est pur, ta vie sans tache, ton courage éprouvé : tu as confiance en toi-même, comptes sur ma protection ; car ma puissance vengeresse ne frappe jamais que des ames criminelles. Si les habitans de ce cloître n'étaient pas une engeance hypocrite, si leurs regards modestes, leur ton doux et humble ne cachaient pas une conscience coupable, malgré les sons du cor, ils seraient ainsi que toi sur leurs pieds. Schérasmin lui-même, quoique sa figure honnête parle en sa faveur, doit être puni de ses discours téméraires. Ces gens que tu vois ne dansent pas parce qu'ils ont envie de danser, mais parce qu'ils y sont forcés. Cependant, la fureur de la danse redouble encore : les pauvres reclus sautent si haut et tournent avec une telle rapidité, qu'ils sont prêts à se dissoudre comme la neige au souffle des zéphirs: le cœur leur bat à coups redoublés. Le chevalier attendri ne peut supporter plus long-tems ce spectacle pénible : il tremble pour leurs jours, et implore la clémence du génie. Celui-ci agite sa baguette, et l'enchantement cesse aussitôt. Les épais enfans de Saint Antoine demeurent pétrifiés, et les nonnes, pâles comme si elles sortaient du tombeau, se hâtent de réparer le désordre que la danse a mis dans leurs voiles et leurs vêtemens. Le seul Schérasmin, trop âgé pour un tel exercice, tombe privé de forces, et sent son cœur prêt à défaillir. Ah ! monseigneur, s'écrie-t-il en respirant à peine, que vous ai-je dit ? — C'en est assez, ami Schérasmin, répond le génie : je te connais pour un brave guerrier; mais ton cœur et ta tête t'égarent quelquefois. Pourquoi me calomnier avec tant d'acharnement ? Avoir une barbe grise, et le jugement si jeune ! Prends en patience le léger châtiment que je viens de t'infliger. Quant à vous, sortez, et faites, ainsi que vos sœurs, pénitence de vos fautes.

Tout la gent monacale se retire pleine de confusion. Le beau Nain se retournant vers Schérasmin avec bienveillance, eh quoi ! vieillard, lui dit-il, verrai-je encore sur ton front ténébreux les indices du soupçon ? ta probité te sert d'excuse auprès d'Oberon ; approche ami, bannis toute crainte, et pour réparer tes forces, prends cette coupe et la vide d'un trait. En disant ces mots, le Roi des Génies lui présente une coupe d'or richement travaillée. Le vieillard qui se soutient à peine sur ses jambes demeure tout interdit en la voyant vide. Eh quoi, de la défiance encore ! s'écrie le nain, allons courage, approche cette coupe de tes lèvres, bois et ne doute de rien. Le bon homme obéit, non pas sans hésiter, et tout-à-coup il voit le vase se remplir de vin de Langon. Il l'avale d'un trait, et bientôt une chaleur bienfesante, une nouvelle vie se répandent dans toutes ses veines. Il se sent aussi frais, aussi vigoureux que dans ses plus belles années, lorsqu'il fit avec son premier maître le voyage du saint tombeau. Plein de respect et d'assurance, il s'écrie, en se jettant aux pieds du beau nain ; c'est maintenant que ma confiance en vous est inébranlable.

Le Génie cependant, la gravité sur le front, adresse en ces termes la parole au Chevalier. Je sais pourquoi Charles t'envoye à Babylone. Tu vois les dangers auxquels il t'expose, sa colère en veut à tes jours ; mais graces à mes soins tu termineras heureusement une entreprise commencée avec valeur et confiance. Reçois ce cor de mes mains. Approche-le de tes lèvres, fais sortir de ses flancs des sons doux et mélodieux, et bientôt si dix mille hommes armés de lances et d'épées menacent tes jours, tu les verras danser sans relâche, jusqu'à ce qu'ils tombent épuisés de fatigue ; fais-le raisonner plus fort, c'est un appel, et je vole à ton secours quand je serais à mille fois mille lieues de toi. Mais il ne faut avoir recours à cet appel que dans la plus pressante nécessité. Prends aussi cette coupe, elle se remplit de vin chaque fois qu'un honnête homme la porte à ses lèvres ; jamais pour lui la source de son nectar ne tarit ; mais elle se vide à l'instant et devient brûlante dans les mains d'un perfide.

Huon accepte avec reconnaissance ces gages miraculeux de la faveur de son nouveau protecteur. A peine l'aurore a paré l'orient de ses voiles de pourpre que, plein d'une noble impatience, il s'informe auprès d'Oberon du chemin qu'il doit suivre. Le voici, dit-il, puisse-je ne jamais voir le cœur de Huon se déshonorer par une faiblesse ! je ne me défie sans doute ni de ton cœur ni de ton courage ! mais hélas ! tu es un enfant d'Adam, pétri d'un faible limon et aveugle pour l'avenir ! un plaisir bien court est souvent la source de peines bien longues ! n'oublie jamais cet avis que te donne Oberon. En disant ces mots, il le touche de sa baguette de lis, et de ses beaux yeux d'azur Huon voit rouler deux perles blanches. Il allait lui jurer une fidélité et une obéissance sans bornes ; mais le Génie de la forêt avait déjà disparu. Il ne reste de lui qu'un doux parfum de lis. Le Chevalier demeure immobile et muet. Il passe sa main sur ses yeux et sur son front : tel un homme, au sortir d'un beau rêve, cherche à s'assurer si l'image qui vient d'enchanter ses sens est réelle ou n'est qu'une vaine illusion de la nuit. Mais si son esprit eût pu former des doutes, la coupe et le Cor suspendus sur ses épaules par une chaîne d'or les auraient bientôt dissipés. Le vieillard rajeuni regarde cette coupe comme le bijou le plus curieux du trésor des Fées. Seigneur, dit-il, avant de lui présenter l'étrier, buvons encore un coup en l'honneur de ce brave Nain. Son vin est une boisson digne des Dieux.

Fortifiés par ce breuvage, ils marchèrent tout le jour et par monts et par vaux suivant l'usage des anciens Chevaliers; ne se livrant aux douceurs du repos que sous les arbres, et seulement durant une partie de la nuit. Ils voyagèrent de la sorte pendant quatre jours sans aucune aventure, le Chevalier en esprit déjà dans les murs de Babylone, et son fidele écuyer heureux de cheminer auprès du fils de Sigevin.

CHANT TROISIÈME.

Huon rompt une lance avec le Prince du Liban et avec ses Chevaliers. Il délivre Angela, l'épouse du Prince, de la captivité où la retenait le Géant Angulaffre. Rêve de Huon.

Nos paladins avaient à peine franchi un chemin caché dans les montagnes, que tout-à-coup de riches tentes, dressées dans un vallon étroit, offrent à leurs yeux surpris le plus brillant spectacle. Une foule de chevaliers, assis à l'ombre des palmiers, se livraient après le repas aux douceurs du repos. Leurs armes et leurs casques étaient suspendus aux branches, et leurs chevaux paissaient en liberté dans la prairie. Dès que la troupe guerrière voit les deux voyageurs sur la cime des monts, elle se lève précipitamment : on eût dit que la trompette venait de donner le signal du combat. En un moment, toute la plaine est en mouvement : on s'agite, on court aux armes, les chevaliers endossent la cuirasse, les valets amènent les chevaux.

Qui peut, dit le paladin, jeter tant de trouble parmi ces guerriers, et les arracher aux douceurs du repos ? — C'est nous-mêmes, sans doute, répondit Schérasmin : soyez sur vos gardes, je les vois s'avancer vers nous en demi-cercle. — Huon tire froidement son épée. Armé de ce glaive, dit-il, aucun danger ne m'effraie.

Cependant, couvert de son armure, un des chevaliers se détache de la troupe, vient au-devant des deux étrangers, les salue avec grace, et demande à être entendu. Seigneur, dit-il, c'est la coutume, parmi nous, d'arrêter tous ceux de notre ordre qui s'approchent de ces tentes : nous vous laissons le choix, ou de rompre une lance, ou de faire ce que nous vous prescrirons. Et quoi? demanda modestement le héros. — Non loin d'ici végète, dans un château fort, le géant Angulaffre, tiran féroce, et le plus cruel ennemi des chrétiens. A la vue de la beauté, ce n'est point l'amour, ce sont ses fureurs qu'il ressent. Mais hélas! la vertu d'un anneau qu'il a ravi au nain de ces jardins, dont vous venez, sans doute, le rend invulnérable à tous les coups. Je suis un des princes du mont Liban. Depuis trois ans, je m'étais voué au service de la plus belle des femmes, sans qu'un regard flatteur daignât encourager mes feux. Tant de fidélité fut enfin couronnée : heureux époux, j'allais jouir de mes droits quand le monstre arrive, d'un bras nerveux saisit ma compagne adorée, et disparaît avec elle. Déjà six mois sont écoulés, et mes efforts pour la recouvrer ont été vains. Infortuné que je suis! la tour de fer où elle est renfermée m'interdit tout accès, et ne lui laisse aucun moyen de s'échapper. La seule consolation que, dans mes longs ennuis, m'offre l'amour, c'est, du sommet d'un arbre, de porter au loin mes regards sur les murs odieux de cet affreux château. Quelquefois je crois la voir à la fenêtre, les cheveux épars, les mains jointes, implorant l'assistance du ciel. Mon cœur est déchiré par ce spectacle. N'attribuez donc qu'à mon désespoir ma conduite à votre égard, et envers ces guerriers qui m'accompagnent. En un mot, seigneur, aucun chevalier ne peut franchir ces limites sans avoir combattu. Si vous parvenez à me faire vider les arçons (personne encore ne l'a pu), vous serez libre, et désormais nul obstacle n'arrêtera votre marche. Sinon, il faudra vous résoudre à vous soumettre à mes ordres, comme l'ont fait ces guerriers, et jurer de ne quitter ces lieux qu'après que nous aurons tenté de soustraire mon épouse aux fers d'Angulaffre. Si cependant vous voulez vous engager par serment à pénétrer dans cette tour de fer, et à me ramener seul mon Angéla, partez, et comptez sur ma reconnaissance. Prince, répondit le paladin, à quoi bon choisir ? C'est assez de l'honneur que vous voulez me faire ; venez, je suis prêt à rompre une lance avec vous, et toute votre suite : nous parlerons du reste une autre fois.

Ce langage étonne le beau chevalier. Cependant, il accepte le combat. Les trompettes sonnent, ils s'élancent l'un sur l'autre..... Bref, messire Huon, d'un coup vigoureux, porte rudement par terre le prince du Liban ; il en fait autant de tous ceux qui l'accompagnent, et, d'un air affable, les aide à se relever.

Parbleu, seigneur, dit en boitant le prince des Cèdres, vous êtes un fier joûteur ! mais c'en est assez ; touchez-là ; la nuit approche, venez, mettons-nous à table, et, la coupe en main, oublions nos débats. Huon accepte son offre avec reconnaissance : trois heures s'écoulent en festins, en bons mots, et les chevaliers trouvent leur vainqueur si beau, si poli, qu'ils lui pardonnent de bon cœur les douleurs qu'ils ressentent dans les côtes. » Chers amis, leur dit-il, maintenant que j'ai rempli mon devoir envers vous, enseignez-moi bien exactement le chemin qui mène chez le géant. Mon intention était de m'y rendre, et j'y suis en ce moment d'autant plus déterminé, que cette entreprise pourra devenir utile à ce galant homme «. Après ces mots, il les remercie de leur bon accueil, et les presse tour-à-tour contre son cœur. On lui indique la route et la forêt de pins qu'il faut traverser pour se rendre à la demeure du terrible Angulaffre. Le héros les quitte, et leur promet qu'ils auront incessamment des nouvelles de leur dame. — » Adieu, messieurs «. — » Adieu, seigneur. Que le ciel seconde votre entreprise «! Il part, et d'un tems de galop, il atteint la forêt.

L'aurore rougissait à peine la cime des arbres, que de loin il apperçoit une énorme tour, située dans une vaste plaine : elle paraissait d'airain : ses vastes contours, bien fortifiés, n'offraient, pour entrée, qu'une seule porte, large à peine de deux pieds. Devant cette porte, deux colosses de métal, animés par enchantement, agitaient les fléaux dont ils étaient armés avec une telle rapidité, que, dans l'intervalle d'un coup à l'autre, l'éclair n'eût pu pénétrer.

Le paladin s'arrête : il réfléchit à ce qu'il doit faire. Une jeune femme se montre à la fenêtre, et, d'un air modeste, lui fait signe d'approcher. Cette jeune fille a beau nous appeler, s'écrie Schérasmin, vous ne serez pas assez téméraire, sans doute, pour hasarder une entreprise aussi périlleuse ? Voyez-vous ces suisses avec leurs longues machines ? Jamais vous ne vous en tirerez sain et sauf. Fidèle aux statuts de son ordre, Huon n'aurait pas reculé devant Satan en personne. Il faut, sans hésiter, se dit-il à lui-même, s'élancer vers la porte à travers ces fléaux. L'épée haute et les yeux fermés, il se précipite : il entre; sa foi ne l'a point trahi. Dès qu'il les a touchés, les colosses d'airain deviennent immobiles. Le héros est à peine entré que la belle captive vole à sa rencontre : ses longs cheveux noirs flottent sur ses épaules; une robe blanche, attachée avec une boucle d'or, cache à peine un sein d'albâtre. Elle eût pu servir de modèle aux graces ou aux muses. Elle prend la main du guerrier, et son front se couvre aussi-tôt d'une aimable rougeur. Quel ange, dit-elle, vous amène vers moi, seigneur? Quand vous parûtes, j'étais à la fenêtre, et j'implorais l'assistance du ciel: envoyé par lui, Angéla accepte votre secours : soyez mille fois le bien venu. Mais partons sans différer, chaque instant que je passe dans cette prison est un supplice pour moi. Mon dessein, dit Huon, n'est pas de m'en aller si vite. Où est le géant? — Il est, en ce moment, plongé dans un profond sommeil : rendons-en grace au ciel; car, s'il s'éveillait, nul espoir de le vaincre tant qu'il possédera l'anneau enchanté ; mais on peut à présent, il est vrai, le lui ravir sans danger. » Par quel moyen? demande le guerrier «. Le sommeil qui le surprend et l'accable trois ou quatre fois le jour, répond Angéla, n'est pas un sommeil naturel : il doit durer encore deux heures, et je vais, en peu de mots, vous en dire la cause. Mon père se nomme Balazin de Phrigie : il est seigneur de Jéricho, dans la Palestine. Depuis quatre ans, je suis aimée d'Alexis, le plus beau des princes du Liban. Il se plaignit long-tems de ce qu'il appelait mon indifférence. Ah ! croyez-moi : mon cœur était loin de se douter qu'il pût mériter ce reproche ! il ne me parlait que trop en sa faveur; car sitôt que cet amour commença, je fis vœu de n'être point à d'autre qu'au prince, si pendant trois ans il restait fidèle et soumis à mes volontés. De jour en jour il me devenait plus cher; mais je n'avais garde de le lui dire. Le tems de l'épreuve fut long; il passa cependant : on nous unit. Déjà nous étions seuls dans la chambre nuptiale : soudain les portes s'ouvrent avec un fracas épouvantable : le géant s'élance sur moi, me saisit, disparaît, et depuis plus de six mois, je languis prisonnière dans cette affreuse tour. Vous verrez le géant, seigneur, et vous jugerez s'il m'a été facile de lui résister. Que vous dirai-je? être souvent attaquée et toujours vaincre n'est pas chose aisée. Une nuit, j'en frissonne encore, la lune éclairait l'univers : poursuivie plus vivement que jamais, je tombai à genoux, et levant vers le ciel mes bras déchirés, j'implorai l'assistance de la mère du Dieu vivant; elle exauça ma prière. Frappé comme par la foudre, mon persécuteur tombe à la renverse, et gît sur la terre, durant six heures, dans l'impuissance de me nuire. Depuis ce tems, toutes les fois qu'il renouvelle ses attaques, le prodige se renouvelle aussi, sa fureur s'appaise, et son anneau magique est sans vertu. Ce jour même, le miracle s'est manifesté; et quand les six heures seront écoulées, il reprendra une nouvelle vie et toute sa vigueur, tant est grande la puissance de l'anneau. Protégé par lui, rien dans l'univers ne peut porter atteinte à ses jours.

Si vous en doutez, vous pouvez vous en convaincre vous-même.

Il en fut du chevalier comme de vous. Au seul nom d'Angulaffre, il s'attendait à voir un monstre issu de la race des titans, semblable à ces farouches enfans de la terre, qui, jadis, pour assiéger l'Olympe, entassèrent montagnes sur montagnes : hé bien, ce n'était qu'un homme de sept pieds.

Si jamais vous avez vu l'original ou la copie du chef-d'œuvre de Glycon, la statue du héros fils d'Alcmène, vous avez trait pour trait l'image de celui qui, au clair de la lune, a mis l'aimable Angéla dans un si grand danger. Couché comme il était, le plus habile de nos antiquaires l'eût pris pour un Hercule, pour un Hercule en repos après qu'il a nétoyé les étables de marbre d'Augias. Nu comme lui, la poitrine haute, les épaules larges, tel paraissait Angulaffre. Le chevalier s'arrête saisi d'étonnement; il n'était pas très-familier avec l'antiquité, et se montrer ainsi dans l'état de nature aux chastes regards du jour, lui semble une action digne d'un payen. Hé bien, noble chevalier, lui dit Angéla, que tardez-vous? Il dort, prenez l'anneau, frappez-le ensuite, et c'en est fait. — Non, ma gloire m'est trop chère : un ennemi nu et plongé dans le sommeil peut dormir en assurance auprès de moi : commençons par l'éveiller. — Emparez-vous du moins de l'anneau. Huon s'approche, s'en saisit, et, sans le savoir, se rend le souverain des génies. De maintes propriétés inconnues au chevalier, l'anneau a celle de s'ajuster avec docilité à tous les doigts; il s'étend ou se resserre à volonté. Le paladin considère ce joyau merveilleux avec un plaisir mêlé de crainte: puis saisissant le bras du géant, il le secoue avec tant de force, qu'enfin il s'éveille.

Il commence à peine à remuer, que la fille de Balazin s'enfuit en poussant un grand cri. Huon, fidèle à sa valeur et à son ordre, reste seul auprès de lui. Le monstre l'apperçoit, et d'une voix terrible il s'écrie: Qui es-tu, vil insecte, assez téméraire pour oser troubler mon repos? Tu as l'audace de t'offrir à mes yeux; tu es donc las de vivre? Lèves-toi, lui dit le paladin, et prends tes armes; c'est avec mon épée que je veux répondre à tes bravades. Le ciel m'envoie pour te punir: ta criminelle vie touche à sa fin.

En l'écoutant, le géant apperçoit l'anneau au doigt de Huon: l'effroi le saisit. Rends-moi, dit-il, cet anneau, et t'en retournes en paix; sors, et rends grace à ton heureux destin. Je ne t'ai pris que ce que tu as dérobé, réplique le fils de Sigevin: je le rendrai à celui auquel il appartient. Quant à toi, vas chercher tes armes; prépares-toi au combat, et descends dans la cour. Tu es un honnête homme, répond Angulaffre, d'un ton de plus en plus doux; tu aurais pu me tuer pendant mon sommeil, aussi j'ai pitié de ta jeunesse: rends-moi seulement l'anneau, et je t'accordes la vie. Lâche! s'écrie Huon, c'est en vain que tu m'implores; meurs! ou si tu désires la vie, tâches de la mériter par ta valeur.

A ces mots, le monstre s'élance: les murs du château en sont ébranlés: ses yeux étincellent; la colère se peint dans tous ses traits. De sa bouche sort une épaisse vapeur : il endosse, à la hâte, une cuirasse impénétrable même aux coups d'un glaive enchanté.

Le chevalier descend, et bientôt il voit paraître tout couvert d'acier son orgueilleux ennemi, qui, dans sa rage, oublie qu'il n'est point, devant l'anneau, d'armure capable de le protéger. Du premier coup de la bonne épée de Huon, sa fierté l'abandonne ; son sang coule en torrens, et le souffle de la vie s'échappe de son vaste gosier. Il tombe tel qu'un pin frappé par la foudre sur la cime du Taurus. Sa chûte ébranle la tour et les champs qui l'environnent : tout son corps est privé de mouvement : son œil fixe est pour jamais insensible à la clarté des cieux, et les démons entraînent son ame chargée de crimes au séjour d'une justice terrible. Le noble paladin essuie le sang, ce noir poison qui souille son épée, et va retrouver la jeune princesse.

A sa vue, Angéla, transportée de joie, se précipite à ses pieds. Brave guerrier, dit-elle, gloire vous soit rendue ; votre bras a vengé mon injure. Et toi, à qui je dois un si vaillant sauveur, reine du ciel, reçois ici le vœu que je fais, de consacrer sur tes autels l'image, en or pur, du premier fils dont j'aurai le bonheur d'être mère.

Huon la relève d'un air respectueux : il répond aux témoignages de sa reconnaissance avec cette politesse antique et chevaleresque, moins délicate, sans doute, que la nôtre, mais à coup sûr plus franche et plus expressive. Le principal devoir d'un chevalier était de protéger les jeunes dames et de répandre, au premier appel, tout son sang pour elles, lors même que son cœur aurait été insensible à leurs attraits.

Le trouble d'Angéla ne lui avait point encore permis de considérer le jeune guerrier : c'est en l'aidant à déposer son armure, qu'elle aurait pu souhaiter les cent yeux qu'étale l'oiseau de Junon sur son brillant plumage, tant la grace et la beauté du héros lui paraissaient plus qu'humaines. Elle ne le comparait pas, sans doute, au mortel placé entre son cœur et lui, et c'était sans dessein qu'elle se livrait au plaisir de le voir. Ah! sans doute, de simples regards ne sont pas des crimes! aucun scrupule ne troublait cet innocent plaisir. Une douce illusion se jouait de sa jeune ame : elle était d'autant plus sûre de son cœur que, toute entière à la reconnaissance, Alexis était alors loin de sa pensée. Rends grace à ton heureux destin, aimable Angéla! aucun de tes regards n'enflamma ton libérateur. Un désir inquiet, inconnu, l'entraîne à Bagdad, comme l'aimant attire le fer; il émousse pour lui les traits de ta beauté, et le rend insensible à tes charmes. En vain ta taille svelte et légère a été façonnée par la main de l'amour même; en vain tes traits unissent la grace à la majesté; ton sein, tel qu'une double colline récemment couverte de neige et que ternit un léger brouillard, soulève en vain une gaze légère; en vain ta peau douce et unie ressemble à l'onde pure et tranquille dans laquelle se mire l'aurore; en vain la beauté a si bien imprimé son sceau dans toute ta personne, que ton vêtement décore plus tes appas qu'il ne les couvre..... Angéla! en vain tu es jeune et belle. Le desir de jouir long-tems de ta présence n'entre point dans l'ame du guerrier; il ne brûle que du désir de te rendre à ton époux...... qu'en ce moment tu sembles oublier..... Mais Huon lui en parle le premier. Déjà même il lui promet d'accompagner ses pas, d'être son guide et son appui, quand soudain un grand bruit de voyageurs et de chevaux se fait entendre dans la cour du château : les vastes escaliers tremblent sous les pas précipités des cavaliers. La princesse s'épouvante; mais bientôt la terreur fait place à la joie; c'est Alexis lui-même : il entre : il avait réfléchi un peu tard, à la vérité, qu'il ne serait pas trop glorieux pour lui que Huon délivrât Angéla, tandis que son époux, loin du danger, s'abandonnait sans trouble, avec sa suite, aux plaisirs de la table. Il n'était pas impossible non plus que le chevalier profitât de sa victoire; qui pouvait en répondre ? Tourmenté de cette idée, il s'était élancé sur son cheval, et, suivi de sa troupe, il arrivait à toute bride, au risque de trouver le danger dissipé par la vaillance de l'étranger. Dans ce cas, il se contenterait de recevoir Angéla de ses mains, et d'offrir ses vœux au vainqueur. Il ne se dissimulait pas qu'il aurait bien un peu à rougir..... Mais il était prince du Liban.

Cependant Huon, que sa fortune dispense de ramener Angéla dans le vallon des Palmiers, est loué à l'envi par la troupe guerrière. Loin de le flatter, ces louanges l'affligent, l'embarrassent, quand tout-à-coup, pour dernier bienfait, par la vertu de l'anneau, une table ronde s'offre à leurs yeux : des mains invisibles la couvrent de mille mets, faits pour exciter l'appétit et flatter le goût. » Ah! seigneur chevalier, s'écrie la princesse, j'allais l'oublier : avant de nous mettre à table : ouvrez vous-même le harem du géant. Cette tour renferme encore cinquante jeunes femmes, belles comme les fleurs qui décorent un parterre. Sans doute il les réservait pour en faire un sacrifice à son prophète «. Le harem s'ouvre et présente aux regards une foule de beautés élégamment parées, qui retracent l'image enchanteresse du paradis de Mahomet. Huon les met sous la protection des chevaliers, puis s'échappe au galop, tandis que tous le conjurent et lui crient en vain de les honorer de sa présence, du moins pendant le repas.

Déjà le crépuscule du soir perdait sa couleur purpurine, et la Lune s'élevait silencieusement sur l'horizon : le chevalier, qui sent sa monture harassée, se résout à prendre quelque repos. Tandis que la vieillard soigne les chevaux, il cherche l'endroit le plus touffu du gazon pour s'en faire un lit. Près de lui tout-à-coup une tente magnifique s'offre à ses regards ; le terrein qu'elle occupe est couvert d'un riche tapis ; ses contours sont garnis de coussins qui s'enflent lentement sous la main qui les comprime : au milieu de cette tente est une table de jaspe, soutenue par un trépied d'or; les mets dont elle est chargée la rendent digne des dieux pour celui que la faim aiguillonne. A cet aspect, Huon reste pétrifié : de l'œil il appelle Schérasmin, et lui demande ce qu'il voit. » Oh ! la chose est claire, répond le fidèle écuyer ; l'ami Oberon n'est pas loin d'ici, on ne peut s'y tromper : sans lui, au lieu de nous enfoncer dans la plume, nous aurions passé la nuit moins doucement sur le sein de la terre. Voilà ce que j'appelle penser à ses amis! Venez, mon cher maître; après une si longue course, un repas a son prix; çà, quittons nos armes. Vous le voyez, le nain, quoiqu'à la hâte, n'a rien négligé pour nous bien traiter. Messire Huon suit ce sage conseil; ils s'asseoient, et soupent de très-bon appétit. Aux accens joyeux d'une chanson gascone, le verre se vide en un instant et se remplit de même.

Bientôt la main bienfesante du sommeil vient répandre ses pavots sur leurs membres fatigués, et cependant le silence des airs est rempli par une musique céleste : on eût dit que les feuilles des arbres d'alentour avaient été transformées en autant de voix, et que les sons mélodieux de la plus sublime cantatrice étaient mille fois répétés par elle. Cette douce harmonie s'affaiblit insensiblement. Tel est le doux murmure du zéphir, quand aux beaux jours de l'été son souffle agite à peine les feuilles et l'onde argentée du tranquille ruisseau où la nymphe rafraîchit ses appas. Bercé par ces sons divins, un profond sommeil enchaîne bientôt les sens du chevalier : il y reste plongé jusqu'au moment où le coq matinal est éveillé par les coursiers de l'aurore. Un songe étrange l'agite : il croit être dans un pays inconnu : il marche vers v t torrent que borde une plaine ombragée. Une fe te semblable aux immortelles s'offre à ses regards : une douceur céleste règne dans ses grands yeux, et les charmes de l'amour dans toute sa personne. Des paroles ne pourraient exprimer ce qu'il éprouve : il ressent pour la première fois la puissance de l'amour. Immobile, en extase, ses pieds semblent attachés à la terre : sa vie toute entière a passé dans ses yeux. Cette beauté a déjà disparu, il croit la voir encore ; et quand enfin cette douce illusion l'abandonne, ses yeux mourans se ferment à la lumière. Alors, étendu sur le rivage, presque mort, il croit sentir une main qui réchauffe son cœur engourdi. Ranimé par elle, il se lève, et voit auprès de lui la même femme et ne peut la prendre pour une mortelle : elle lui semble mille fois plus belle et plus touchante qu'auparavant. Tous les deux s'observent, en silence, avec des regards qui exprimaient bien plus que leurs lèvres n'eussent osé en dire. Dans ses yeux il croit voir le ciel. L'excès du plaisir devient bientôt un abîme de douleurs. Un penchant irrésistible le précipite dans ses bras : il presse son cœur contre son sein. Avec quelle rapidité, quelle force, quelle chaleur, il sent le cœur de la nymphe battre contre son cœur ! oh ! combien il est heureux ! et...... Mais soudain le jour cesse de luire, le tonnerre roule son char de feu sur des nuages noirs, l'essaim farouche des tempêtes fait entendre ses mugissemens. Une main invisible arrache la nymphe des bras du guerrier, l'enlève dans un tourbillon, et la précipite dans les flots du torrent voisin. Il entend ses cris douloureux ; il veut voler à son secours ; mais, ô peine mortelle ! il ne le peut pas ! La terreur le rend immobile : en vain il veut faire usage de ses jambes et de ses bras : on dirait qu'il est plongé dans la glace jusqu'au cou. Du sein des vagues il voit la nymphe infortunée étendre vers lui ses mains suppliantes : il la voit, et ne peut crier; il ne peut, tout impétueux qu'est son amour, s'élancer dans les flots pour aller à son secours.

Schérasmin, jugeant à sa respiration gênée le trouble qui l'agite, lui crie : » Eveillez-vous, monsieur, un mauvais songe vous persécute «. Retirez-vous, esprit malfaisant, répond le paladin, voulez-vous me ravir jusqu'à son ombre? Et il se réveille l'œil en courroux; le cœur lui bat encore de l'angoisse mortelle qu'il vient d'éprouver : l'éclat du jour l'offusque : une sueur froide couvre ses joues décolorées. » Voilà un songe bien pénible, lui dit le vieillard, il faut que vous ayez dormi trop long-tems sur le dos. Un songe ! répond en soupirant le fils de Sigevin ; et d'un regard moins farouche : oui, c'est un songe en effet, mais qui va me coûter le repos de ma vie! — Dieu vous en garde, mon cher maître! Dis-moi franchement, lui demande gravement le chevalier, si par fois les songes ne nous annoncent pas l'avenir? — Monsieur, il y en a des exemples; et depuis que je vous accompagne, je ne nie plus rien. Si cependant vous me permettez de vous dire franchement mon avis, je vous avouerai que je n'ai pas grande foi aux songes. C'est la chair et le sang qui agissent, chez moi du moins, quand il m'arrive de rêver. Nos pères le savaient bien, et ils nous l'ont appris dans des vers bien connus. Au demeurant, contez-moi votre rêve, et peut-être pourrai-je vous dire quelque chose de mieux. C'est ce que je veux faire sans différer, reprit Huon : nous avons le tems ; le Soleil levant dore à peine le sommet des arbres. Mais, avant tout, donnes-moi cette coupe, j'ai besoin de ranimer mes esprits. Un poids énorme m'oppresse et m'accable «. Tandis que la coupe miraculeuse répare les forces du chevalier, Schérasmin le regarde en silence : il a l'air mécontent de voir le fils du brave Sigevin plus faible qu'il ne convient à un homme. Oh, oh! se dit-il en secouant la tête, un songe l'occupe à ce point, même après le réveil! N'importe, déjeûnons toujours.

CHANT QUATRIEME.

Huon fait à Schérasmin le récit de son rêve. Combat contre un Lion prêt à dévorer un Sarrasin. Perfidie du Sarrasin. Les deux Guerriers arrivent à Bagdad. Une vieille femme leur donne l'hospitalité.

L<small>E</small> paladin commence en ces termes :

»Bon Schérasmin, j'ignore quels seront tes sentimens secrets sur le récit que je vais te faire. Mais tu me vois, et, graces au ciel ! je puis le dire, je jouis de toute ma raison et de toute la force de la jeunesse. Jusqu'à ce moment, mon cœur fut inaccessible aux traits de l'amour : cependant, mille beautés ornaient la cour de ma mère, et les occasions s'offraient en foule au jeune homme enclin à la volupté. Tantôt on jouait aux gages, tantôt c'était une jarretière à dénouer; mais le plus joli pied du monde n'aurait pu troubler mon repos, quand même c'eût été celui de la belle Genièvre. La vue de tant de beaux seins, de tant d'appas, qu'aucun voile ne couvrait, aurait pu faire naître en moi mille désirs. Mais l'habitude produit sur nous les effets de Méduse; elle nous rend insensibles, même pour la plus belle. Hélas! à quoi m'a servi mon indifférence? Mon heure est venue, le destin a voulu que j'aimasse en songe pour la première fois!

»Oui, Schérasmin, enfin je l'ai vue, celle qui devait triompher de moi ; je l'ai vue, et, sans balancer, je lui ai donné mon cœur. Ce n'est qu'un songe, dis-tu? Non, mon ami, non, un vain fantôme ne laisse point après lui de traces aussi profondes! Traites-moi d'insensé, si tu le veux : je te le répète, elle vit; je l'ai eue en ma puissance : il faut que je la retrouve. Oh! si tu l'avais vu comme moi, cet ange adorable! Si je savais peindre, je te la représenterais telle qu'elle parut à mes yeux, et elle enflammerait ton vieux cœur. Ah! que ne donnerais-je pas pour posséder quelque chose qui lui ait appartenu, ne fût-ce que le bouquet qui reçoit ses soupirs. Elle est dans la fleur de la plus brillante jeunesse...... Ah! sans doute, une créature céleste fut le modèle sur lequel on la moula : elle en a et les roses et les lys. Sa taille est divine : un sourire enchanteur regne sur son visage, et chacun de ses traits, qu'accompagne un air de majesté, éveille et contient à la fois le désir. Figures-toi tant d'appas, et tu auras à peine l'ombre de sa beauté. Doucement attiré par ses regards, j'ai senti cette femme céleste, qui semblait cependant n'avoir que la forme aérienne d'un ange, je l'ai sentie appuyer son sein contre mon sein, j'ai senti son cœur battre contre mon cœur...... Ah! comment ai-je pu survivre à mon ravissement! Eh bien, parles!— C'était un rêve!— Ah! que ma vie passée est vide et morte, si je la compare à ce rêve!

» Non, je le répète. Schérasmin, ce n'est point une vaine illusion enfantée par l'ivresse de la veille: un secret sentiment me dit qu'elle existe, et qu'elle a été créée pour moi. Oberon l'a peut-être offerte à ma vue!... Ah! si c'est une chimère, ne cherches pas à me désabuser; elle est si douce! Mais non; un si beau songe n'est point une erreur : ah! si c'en est une, la vérité ne sera plus qu'un vain mensonge «.

Le vieillard secoue sa tête fertile en doutes, de même que vous secouez la vôtre quand on vous raconte un prodige auquel intérieurement vous ne pouvez ajouter foi, et que cependant il vous est impossible de réfuter. — Dis-moi donc ce que tu penses, Schérasmin? Voilà justement ce qui m'embarrasse, répond l'indifférent écuyer : j'aurais bien quelques objections à vous faire; mais elles ne serviraient qu'à vous affliger. Continuons, me disais-je à moi-même, notre route vers Bagdad; votre serment vous y oblige : peut-être le charme se dissipera; peut-être aussi le nain vous fera-t-il trouver la princesse du songe. Au reste, mon cher maître, si l'espérance est un bien pour vous, espérez; la santé ne peut qu'y gagner.

Tandis que Schérasmin parlait, le chevalier avait la tête baissée; mais dans son cerveau malade d'amour, la scène venait tout-à-coup de changer. Ah! s'écria-t-il, ne cherches pas à me tromper par de vaines consolations! parles, que puis-je espérer? L'orage qui l'arrache de mon sein ne me laisse que trop entrevoir la destinée qui m'attend. Oui, je la vois encore au milieu des flots tendre vers moi ses bras : mon sang se glace encore en y songeant! il me semblait que j'étais attaché à la terre par une chaîne invisible, et dans l'impuissance de la sauver. C'était un rêve, reprit Schérasmin : à quoi bon se tourmenter, sans nécessité, par de noirs pressentimens? Un rêve n'est jamais qu'un rêve. Le mieux, croyez-moi, c'est de n'en prendre que ce qui nous convient. Qu'un génie bienfesant vous montre, pendant votre sommeil, celle qui doit un jour regner en souveraine sur votre cœur, je lui en sais bon gré, il est permis d'en croire quelque chose; mais laissons-là ce torrent, ces chaînes aux pieds et aux mains, dont on vous a présenté l'image. J'ai souvent, dans ma jeunesse, éprouvé des choses semblables quand j'avais le cochemar. Par exemple, allant un jour, Dieu sait où, je me vois barré dans mon chemin par un vilain ours noir : saisi d'effroi, je veux m'armer de mon épée; une impuissance soudaine s'empare de tous mes membres. L'ours, cependant, grossissait à vue d'œil; il ouvrait une gueule plus hideuse que celle de l'enfer. A cette vue, ma peur redouble : je veux fuir et ne puis bouger de ma place.

Quelquefois, en dormant, vous croyez revenir d'un bon souper, et, en passant près d'une vieille boutique, une petite fenêtre s'ouvre tout-à-coup avec grand fracas : il en sort un nez long comme le bras : à-demi mort de frayeur, vous cherchez à fuir, et vous vous trouvez environné, de tous côtés, de spectres qui vous regardent au visage, en tirant d'énormes langues de feu de leurs vastes gosiers : vous vous jetez, tout tremblant, contre la muraille voisine; une main sèche et glacée se glisse par un trou rond, se promène le long de votre dos, puis sur votre ventre, et delà pénètre jusqu'à votre cœur : les cheveux vous dressent à la tête; pas de moyens de fuir; la rue semble devenir toujours de plus en plus étroite, la main plus froide et le nez plus long. Je vous le répète, toutes ces apparitions ne sont que de vains fantômes, que la nuit fait éclore dans notre cerveau ; mais le réveil les dissipe et chasse la terreur de nos ames. Croyez-moi, n'y pensez plus, et tenez-vous-en aux promesses du nain. Allons, courage ; j'ai un certain pressentiment...... oui, j'ai dans l'idée que nous trouverons cette belle dame à Bagdad.

Ranimé par ces mots, le chevalier se lève aussi dispos que s'il n'avait pas fait un mauvais songe : son coursier s'offre à lui hennissant aux premiers rayons de l'aurore ; il s'élance dessus, et, jetant un regard en arrière, la tente a déjà disparu. En un clin-d'œil elle était sortie du sein de la terre, en un clin-d'œil elle y rentra.

Ils suivent le cours de l'Euphrate et traversent le plus beau pays de la nature : des bosquets de palmiers les garantissent de l'ardeur du Soleil. Mais ils gardent le silence : aucun des deux n'est tenté de le rompre, et cependant mille objets divers pouvaient fournir à la conversation : d'autres soins alors les occupaient profondément. L'air pur, une matinée agréable et fraîche, le chant des oiseaux, le doux murmure de l'onde, éveillent leur imagination. Dans ce miroir magique, le chevalier ne voit que l'image de celle qu'il adore : il la peint sur son bouclier luisant ; il vole sur ses traces ; il franchit le Taurus escarpé ; il va la demander jusque dans le tombeau du redoutable Merlin ; il combat les dragons et les monstres qui veillent à l'entrée du château où elle languit ; l'enfer même ne peut enchaîner sa valeur.

Tandis que, jouet d'une félicité imaginaire, il presse contre son sein l'épouse qu'avec tant de peine il vient d'enlever à ses gardiens, le vieillard, enchanté du spectacle que lui offrent les rives de l'Euphrate, se transporte, en pensées, sur celles de la Garonne, où, dans son enfance, il cueillit le premier bouquet. » Non, se dit-il à lui-même, le Soleil n'est nulle part aussi beau que dans les lieux où je l'ai vu pour la première fois. Nulle part les prairies ne sont aussi riantes et la verdure n'est aussi fraîche. Humble demeure où j'ai reçu le jour, où j'ai senti les premières douleurs et les premiers plaisirs, quelque obscure et inconnue que tu sois, mon cœur te sera éternellement dévoué : en quelque lieu que je me trouve, mes soupirs seront pour toi ; et je regarderais le paradis même comme un lieu d'exil. Ah! que du moins mes pressentimens ne me trompent pas, que mes restes puissent reposer un jour parmi ceux de mes pères, dans le sein de ma patrie «!

En rêvant de la sorte, l'espace qui les sépare de Bagdad s'abrège insensiblement. Les rayons ardens du midi les forcent de chercher un abri dans un bois voisin. Assis mollement sur un épais lit de mousse, au pied d'un vieil arbre touffu, la coupe d'Oberon rafraîchit leurs gosiers desséchés. Prêts à la vider pour la troisième fois, un épouvantable cri retentit à leurs oreilles. Ils se lèvent : le chevalier prend ses armes, et vole à l'endroit d'où ces cris lamentables se font entendre. Il voit un sarrasin à cheval, attaqué par un lion énorme. Déjà son courage et ses forces s'épuisent : son bras, affaibli, n'est plus armé que par le désespoir : déjà son coursier, les flancs déchirés, chancelle et tombe inondé dans son sang : dans l'excès de la douleur, il a brisé son mords. Le lion, en courroux, s'élance sur son adversaire : de ses yeux partent des traits de flamme. Cependant Huon le frappe dans le flanc : ce coup inopiné redouble la colère du roi des animaux ; il riposte par un coup de sa griffe redoutable : le sang du chevalier jaillit par mille sources ; et sans la vertu magique de l'anneau d'Angulaffre, le lion, d'un seul coup, l'eût séparé en deux. Le guerrier rassemble toutes ses forces (car il voit sa mort écrite dans les regards du monstre); et d'un bras nerveux, il lui plonge sa courte épée dans la nuque du cou. En vain il agite sa queue pour en frapper son ennemi, qui, d'un saut léger, l'esquive ; en vain il menace encore de sa griffe terrible, un coup de Schérasmin l'étend sur la place.

Le sarrasin, qu'à la richesse de son turban, sur lequel brillaient les pierres les plus précieuses, on pouvait regarder comme un homme d'importance, semblait encore rempli d'effroi; la sueur coulait sur son front. Les deux guerriers le prennent chacun par un bras, et le conduisent, à pas lents, sous les arbres. Pour ranimer ses forces, on lui présente la coupe dorée, et le vieillard lui dit en langue arabe : »Convenez, seigneur, que vous devez de grands remerciemens au dieu des chrétiens «? Le payen, le regard de travers, prend la coupe ; mais à peine l'a-t-il portée à ses lèvres, que le vin tarit, et que le vase, vengeur des crimes que l'on médite, devient brûlant dans sa main : il le jette loin de lui avec des cris épouvantables : il tempête, il trépigne, il prononce d'affreux blasphèmes. Sire Huon, indigné, tire son épée bénite, pour..... convertir ce payen ; mais le méchant, se regardant déjà comme vaincu, ne juge pas à propos de faire résistance. Tel que l'autruche poursuivi par le chasseur, il court dans le champ voisin où paissent les deux chevaux, s'élance sur celui de Huon, et, pressé par la peur, il s'enfuit à toute bride. On l'eût dit porté sur les ailes des vents précurseurs des tempêtes.

L'aventure était fâcheuse, sans doute; mais à quoi aurait servi de courir après ce voleur? Heureusement dans le village voisin il y avait à vendre, à bon marché, une espèce d'animal qui ressemblait assez à un mulet: la pauvre bête était transparente comme un verre, et ne paraissait avoir ni assez de force ni assez de vie pour gagner Bagdad. Le bon vieillard, assis sur son échine, croit ramper aux pieds de son maître. Nos deux guerriers suivent de leur mieux le chemin du port tant désiré. Le char du Soleil allait franchir les limites du ciel, quand tout-à-coup, dans le lointain, s'offre à leurs yeux la ville royale, couronnée de tours sans nombre, et éclairée par les derniers rayons du couchant. Elle est située dans une prairie délicieuse, que, d'un côté, l'Euphrate orgueilleux, et de l'autre le Tygre non moins fier, entretiennent dans une verdure continuelle.

A l'aspect de ce théâtre, sur lequel son serment, et, bien plus encore que les ordres de Charles, le courage héréditaire dans sa famille, l'obligent d'entreprendre une action téméraire, et dont une mort terrible semble devoir être le prix, le chevalier éprouve un singulier mélange de terreur et de ravissement: son ame est en proie à mille pressentimens secrets; un frisson extraordinaire fait trembler tout son corps. Le danger était grand, sans doute: plus on en approchait, et plus il devait le paraître. Il voit le faîte doré du palais du calife; les temples des dieux n'offrent pas un aspect plus magnifique, plus imposant. Il voit ce trône redoutable qui fait trembler l'Asie entière. » Et toi, se dit-il à lui-même, que vas-tu faire «? Il hésite; mais ce courage que donne la foi, et qui l'a déjà conduit si loin, le ranime : il croit entendre une voix lui promettre en secret que dans ces murs il va trouver la beauté qu'il adore. » Allons, Schérasmin, dit-il, tendons toutes nos voiles; je touche enfin au but de mes longs voyages. Arrivons à Bagdad (il le faut) avant que la nuit soit plus sombre. Trottons avec une telle vitesse que nos chevaux en perdent, ainsi que nous, la respiration. L'écuyer compatissant verse sur la langue de sa monture quelques gouttes du vin de la coupe d'Oberon. » Bois, lui dit-il, bon et fidèle animal, bois; ce n'est pas pour tes pareils que cette coupe doit tarir «. Il avait raison. A peine cette liqueur magique a pénétré la langue desséchée du mulet, qu'un torrent de feu vital parcourt rapidement ses membres et ses veines. Il prend une vigueur nouvelle : sa vitesse est égale à celle du levrier, et avant la fin du jour, nos guerriers arrivent à Babylone.

Guidés par la faible lueur du crépuscule, ils erraient çà et là dans les premières rues de cette ville, sans savoir où ils allaient, tels que des étrangers qui s'abandonnent au destin. Une bonne vieille à cheveux gris, aux joues pendantes, s'offre par hasard à leur vue. Hé! la mère, lui dit Schérasmin, daignez nous indiquer une hôtellerie? La vieille s'arrête, s'appuie sur sa béquille, et lève sa tête branlante pour les regarder. » Seigneur étranger, dit-elle, il y a encore assez loin d'ici à la première hôtellerie; mais si vous êtes las, et si vous savez vous contenter de peu, venez dans ma cabane, je puis vous offrir du lait et du pain, quelques poignées de paille fraîche pour vous coucher, et de l'herbe pour vos chevaux : vous vous reposerez tranquillement, et demain vous irez plus loin «.

Huon la suit avec de grands remercîmens. Il n'est pas d'asyle mauvais pour lui quand la bienfesance et la bonne foi veillent à la porte. La nouvelle Baucis se hâte de préparer leur couche : elle y répand du serpolet et de la fleur d'orange, que lui fournit son petit jardin. Puis elle apporte une jatte d'un lait bien épais et couvert d'écume; elle y joint une corbeille de pêches succulentes et de figues fraîchement cueillies, en se plaignant que les amandes lui ont manqué cette année. Le prince croit de sa vie n'avoir soupé avec autant de plaisir. La bonne vieille supplée, par son babil familier, à ce qui manque au festin. » Ces messieurs, dit-elle, arrivent fort à propos pour être témoins d'une grande fête. — Comment ? — Eh quoi ! vous l'ignorez ? Il n'est question d'autre chose dans tout Bagdad. On marie demain la fille de notre souverain. — La fille du sultan ? et à qui ? — Au prince des Druses, un neveu du sultan. C'est un seigneur puissant, riche, beau, et personne ne le surpasse aux échecs : en un mot, c'est un prince que tout le monde regarde comme digne de posséder la belle Rézia : cependant, soit dit entre nous au moins, il n'est pas de monstre de dragon qu'elle ne préférât. Cela est bizarre, reprit le paladin, et vous aurez de la peine à nous le faire croire. — Ce n'est pas sans raison que je le dis. Il est certain que la princesse, avant ses fiançailles, a eu commerce avec un dragon. Il y a long-tems que je le sais. J'ai bien promis, à la vérité, de n'en rien dire, mais si cependant vous voulez être discrets, vous allez tout apprendre.

Vous êtes sans doute surpris qu'une pauvre femme telle que moi soit informée de particularités qu'on a soin de tenir cachées même aux princes de la famille ? Sachez donc que la nourrice de la belle Rézia est ma fille, et qu'elle a tout crédit auprès d'elle : il y a cependant déjà plus de seize ans que Fatmé lui a donné son lait. Vous voyez maintenant d'où je tiens tout ce qui se passe. On sait que depuis long-tems le calife, fier de la beauté de sa fille, l'admet souvent à sa table, et, dans des fêtes magnifiques, offre à ses regards les plus beaux hommes de l'empire. Tout le monde sait aussi qu'aucun encore n'a trouvé grace à ses yeux : elle semble les voir plutôt avec mépris qu'avec cet embarras si naturel aux jeunes filles : on a cru remarquer cependant une sorte de préférence pour Babekan (c'est le nom du prince que le sultan a choisi pour gendre). Ce n'est pas que son cœur battît plus fort à sa vue; mais elle l'évitait avec moins d'affectation qu'un autre ; c'est tout ce que le prince en a pu obtenir; en la voyant toujours insensible, on a pensé que l'amour serait le fruit du mariage; mais depuis peu, tout a changé : Rézia supporte à peine l'aspect du pauvre Babekan; son cœur se soulève quand on lui parle de mariage, et, ce qui vous paraîtra incroyable, c'est qu'un rêve en est la cause. Un rêve, s'écrie Huon tout en feu? Un rêve, s'écrie Schérasmin? voilà une singulière aventure ! Elle rêve, reprit la vieille, que, sous la forme d'une biche, elle est poursuivie dans un lieu sauvage par Babekan. Vingt chiens sont après elle : l'effroi dans l'ame, elle se précipite du sommet d'une montagne, et déjà plus d'espoir de salut, quand un nain d'une beauté admirable, porté sur un char traîné par de jeunes lions, s'avance vers elle avec la promptitude de l'éclair. Le nain avait dans sa main une branche de lys en fleurs ; à ses côtés était assis un jeune étranger, couvert d'une armure de chevalier, beau comme un ange. Ses yeux bleus, ses longs cheveux blonds, tout dit que ce n'est point en Asie qu'il a pris naissance : mais n'importe en quelque lieu qu'il ait reçu le jour, un seul regard la rend sensible. Le char s'arrête, le nain la touche de sa baguette, et tout-à-coup la voilà dépouillée de sa forme de biche. Le chevalier l'invite à monter dans le char, la belle Rézia cède, et se place, en rougissant, entre le nain et l'homme auquel elle a donné son cœur. Vainement l'amour et la pudeur combattent encore dans son sein. Le char roule rapidement sur le penchant de la colline; une pierre le heurte, Rézia s'éveille. Le songe s'évanouit, mais non pas l'image du jeune homme aux longs cheveux blonds. Cette image, la source des tourmens les plus doux, est nuit et jour présente à sa pensée, et, depuis ce moment, le prince des Druses lui est devenu odieux : elle ne peut sans colère et le voir et l'entendre. On a tout fait pour en découvrir la cause; peine inutile : elle est restée

CHANT QUATRIEME.

muette, inébranlable. Sa nourrice seule, dont je vous ai dit que j'étais la mère, a trouvé moyen de lui arracher ce secret qui la dévore. Mais vous savez si de bons raisonnemens peuvent guérir un mal qui nous plaît. La pauvre dame, entièrement livrée au sien, aurait bien voulu le voir caressé par Fatmé.

Cependant ce jour, cause de tant de terreur, approchant, Babekan ne négligea rien pour mériter l'estime de sa dédaigneuse maîtresse; mais tous ses efforts furent vains. On savait qu'elle estimait les hommes vaillans, et le prince n'avait pas encore fait parler de lui. Forçons, se dit-il à lui-même, oui, par quelque action éclatante, forçons cette insensible à nous admirer. Depuis long-tems un lion monstrueux répand l'effroi dans toute la contrée : en plein jour il se jette dans les bourgs, les villages : il y met effrontément en pièces hommes et bestiaux : on dit qu'il a les ailes d'un dragon, les serres d'un griffon, et les dards d'un hérisson. Sa grandeur est celle d'un éléphant; et quand il respire, il semble qu'un ouragan dévastateur parcourt le pays. De mémoire d'homme on n'a pas vu un pareil animal; aussi sa tête a-t-elle été mise à un grand prix; mais, comme chacun s'estime encore plus haut, personne n'a osé tenter l'aventure. Le seul Babekan, qui regarde cette entreprise hardie comme un moyen assuré de vaincre l'orgueil de Rézia, entre avec grand fracas chez le sultan, et demande la permission de combattre le monstre. On la lui accorde, non sans peine; et ce matin, avant le jour, il est parti sur son meilleur coursier. On ignore, jusqu'à présent, l'issue du combat : tout ce que l'on sait, c'est qu'il est revenu sur un cheval étranger, sans bruit, sans cérémonie, et sans la peau du lion : on ajoute que, rentré dans son palais, il s'est couché sur-le-champ. Cependant les apprêts de la noce se font avec une pompe extraordinaire : le jour de demain est irrévocablement fixé pour la célébration, et, la nuit prochaine, Rézia se trouvera dans les bras odieux de Babekan«. Non ! s'écrie vivement Huon, avant qu'un tel malheur arrive, la nature entière suspendra sa marche ! Croyez-moi, le chevalier et le nain seront aussi du festin.

La vieille que ce discours étonne le considère alors avec soin. Les yeux bleus de l'étranger, ses longs cheveux blonds, son armure, la manière peu facile dont il s'exprime en arabe, sa beauté qui jamais n'eût d'égale à ses yeux, les paroles fougueuses qui viennent de lui échapper, tant de conformité lui paraissent surnaturelles. Qui est-il ? d'où vient-il ? quelle raison l'amène dans ces climats ? et cent questions de cette espèce, qui sont déjà sur ses lèvres, font disparaître le sérieux du guerrier. Il feint une grande envie de dormir et s'étend sur sa litière ; la vieille lui souhaite une bonne nuit et d'agréables songes. Elle se retire à pas courts mais pressés, et ferme la porte derrière elle. Cette porte était toute vermoulue et remplie de fentes. La décrépite hôtesse, tourmentée d'une insatiable curiosité, se tapit derrière la porte, applique son oreille le plus près qu'elle peut d'une des ouvertures, et respirant à peine, écoute la bouche béante. Les étrangers parlaient haut et avec feu à ce qu'il lui semblait, elle entendait bien tous les mots, mais

CHANT QUATRIEME.

hélas! ils n'avaient aucun sens pour une femme de Babylone. Ce qui la consolait, c'est que souvent le nom de Rézia frappait très-distinctement son oreille. — Comme mon destin s'accomplit miraculeusement! s'écriait Huon. Oui Oberon a dit la vérité. *L'homme est faible, l'avenir n'est pour lui qu'une nuit profonde.* Charles croit m'avoir envoyé à une mort certaine, ma perte est le but qu'il se propose, et il n'a fait que suivre sans s'en douter la volonté du destin. Le beau nain étend sa baguette de lys, et me conduit en songe vers la source de mon bonheur. — Mais que cette jeune femme, répond Schérasmin, qui en rêve vous a enflammé, soit précisément la fille du Sultan que Charles vous destine pour épouse, que tout s'arrange de manière qu'elle s'enflamme aussi pour vous, en dormant. — En vérité on en croirait à peine ses yeux! — Et cependant, dit Huon, tout cela n'a pas été inventé par la vieille; le destin seul a formé ce nœud. Comment se dénouera-t-il? Voilà l'embarras. — En le tranchant net en deux, replique Schérasmin: et si vous me permettez de dire franchement mon avis, voici ce que je ferais. Je n'abbatterais pas la tête du jeune homme assis à la gauche du Calife, je laisserais à celui-ci ses dents, et je ne m'occuperais que de la princesse. Figurez-vous donc ce que ce serait que de commencer la fête en sa présence par une tête à bas, que d'aller ensuite demander au Sultan quatre de ses grosses dents et une poignée de sa barbe, et embrasser après sous ses yeux sa fille unique! Parbleu rien de plus insensé, et le destin ne veut pas que nous manquions si grossiérement notre but. Heureusement Oberon a pourvu au plus important. Le principal est d'enlever la princesse à son triste futur, et n'en doutez pas la belle Rézia nous secondera dès que la vieille l'aura informée qu'il y a là de longs cheveux blonds. De plus je serais d'avis qu'à l'entrée des jardins du sérail, on amenât d'avance deux coursiers bien frais pour nous mettre en mesure de fuir. — Mons Schérasmin, répond le Chevalier, vous oubliez, ce me semble, que j'ai promis sur mon honneur à Charles d'exécuter ponctuellement ses ordres, et je n'omettrai rien, mon bon ami, quand je devrais succomber. Eh bien! espérons, dit l'écuyer, que si la nécessité l'exige, le bon nain nous tirera d'affaires.

Durant cet entretien le vieillard s'endormit; mais Huon ne put de toute la nuit jouir des douceurs du sommeil, son cœur en proie à mille pressentimens, à mille pensées diverses, est balotté comme une nacelle au milieu des vagues agitées. Il est près du port, il s'en croit loin cependant! il ne lui faut plus qu'un moment, mais ce moment est une éternité pour lui.

CHANT CINQUIEME.

Songe de Rézia, fille du Calife de Bagdad. Mariage de cette Princesse avec le Prince des Druses. Repas de nôces. Huon trouble la fête. Danse des Mahométans. Enlévement de Rézia favorisé par Oberon.

Et toi, belle Rézia, le sommeil fuit aussi loin de ta couche. Au milieu des rochers et des écueils sans nombre dont il te semble être environnée, tu ne vois qu'avec effroi les premiers rayons de l'aurore. Tu n'envisages qu'avec horreur ce jour où l'hymen va t'appeler à l'autel.

Elle s'agite long-tems dans son lit ; elle soupire. Ce tourment intérieur engourdit enfin ses sens; sa tête se penche sur son sein ; elle s'assoupit ; et pour soutenir son courage, Oberon offre à son imagination un nouveau songe. Par un beau clair de lune, elle croit être assise sous un bosquet dans les jardins du harem; elle y est plongée dans une rêverie amoureuse ; une douce mélancolie, un désir à-la-fois inquiet et agréable soulève son sein; ses yeux se remplissent de larmes, son jeune amant l'occupe, mais hélas ! sans espoir. Poussée par son trouble, elle se lève, elle parcourt à pas précipités et d'un regard curieux, les allées et les parterres; hors d'haleine, elle entre dans tous les bosquets, dans toutes les grottes; ses regards, tour-à-tour tendres et farouches, semblent chercher dans tous les objets l'image qu'elle adore. Souvent elle s'arrête, son cœur bat, elle observe, elle écoute, mais hélas! ce n'est qu'une ombre déplacée par le vent, une feuille chassée par le zéphir. Enfin, dans un endroit mieux éclairé par l'astre de la nuit, elle croit..... ô félicité!...... n'est-ce point encore une ombre qui trompe ses yeux qui ne demandent qu'à être trompés..... elle croit voir celui qu'elle cherche : elle le voit, elle en est vue: ses regards brûlans rencontrent ses regards. Ivre de joie, elle vole à lui, puis s'arrête incertaine ; l'amour veut l'entraîner, la pudeur la retient ; il s'élance les bras ouverts, elle veut fuir et ne le peut : cependant, elle parvient, non sans peine, à se cacher derrière un arbre, et c'est au milieu de cette douce inquiétude que se dissipe ce beau rêve. Oh! que n'est-il en son pouvoir de le rappeler! elle s'irrite et contre elle-même et contre cet arbre odieux; elle fait de vains efforts pour se rendormir ; car ce n'est que dans l'ombre de la nuit qu'une ombre peut lui plaire.

Déjà le Soleil avait parcouru le tiers de son cours, et la nuit regnait encore dans l'appartement de Rézia, tant elle éprouvait de plaisir à prolonger, même en veillant, ce songe agréable. Fatmé, qu'un si long sommeil étonne, s'approche enfin de son lit doré, en tire les rideaux de soie, et voit, avec surprise, une douce joie briller sur le visage de sa maîtresse. — Félicites-moi, chère Fatmé, je l'ai revu, oui, je l'ai revu!..... Est-il possible, dit la nourrice? et d'un air malin elle parcourt tout l'appartement. Que tu es simple! dit en riant la princesse; je croyais m'être assez clairement expliquée. Je l'ai vu en rêve, il est vrai; mais il est, j'en suis sûr, près de ces lieux :

oui, mon cœur me dit qu'il n'est pas loin. Si tu m'aimes, ne cherches pas à me désabuser..... — Je me tais..... — Hé qu'a donc mon espoir de si téméraire? Pourquoi refuserais-je de m'y livrer?... (La nourrice soupire et garde le silence) Quel être surpasse l'amour en puissance? Il attèle des lions à son char, et c'est lui qui me protége ; il me sauvera sans doute ; j'ignore comment, il est vrai. Tu te tais, tu soupires? ah! ma bonne nourrice, je n'entends que trop bien ton silence ! tu n'espères rien en faveur de ma flamme ? hélas ! si je me livre à l'espérance, c'est qu'elle est mon unique consolation! L'heure fatale approche, j'entends déjà le bruit de mes chaînes, et mon malheur est certain. Un miracle, Fatmé, peut seul me sauver..... sinon, voilà mon sauveur. En disant ces mots, elle tire, l'œil en feu, un poignard de son sein.... Tiens, dit-elle, c'est à ce fer que je dois le courage qui m'anime; c'est lui qui m'élève au-dessus de moi-même! Armée de ce glaive, j'espère tout du destin..... A cette vue, la nourrice recule, tremble, pâlit. Ah ! s'écrie-t-elle, si c'est là son seul espoir, Dieu tout-puissant, prends pitié de cette infortunée....... Puis elle pleure, gémit, lève les bras au ciel. La princesse, de sa main, lui ferme la bouche, et ensevelit le poignard dans son sein. Tu sais, dit-elle, que dans ce vaste univers, rien ne m'est plus odieux que ce prince des Druses. Puisse le poison le plus cruel couler dans mes veines avant que je tombe en sa puissance ! Si mon amant ne vient pas pour lui ravir sa proie, quelle autre ressource me reste que ce fer libérateur ?

A peine a-t-elle prononcé ces mots qu'on entend

frapper à la petite porte qui conduit de l'appartement de Rézia dans celui de Fatmé. La nourrice y court et revient bientôt avec tant de hâte, qu'elle respire à peine. Le visage rayonnant et la voix altérée par la joie : Princesse, s'écrie-t-elle, réjouissez-vous; le chevalier est trouvé. A ces mots, Rézia, hors d'elle-même, se précipite de son lit, couverte d'un simple vêtement de nuit, qui, tel qu'un léger nuage, cache à peine son beau corps, et sautant au cou de Fatmé : il est trouvé, dit-elle ! où ? en quel lieu est-il ? O mon rêve, tu ne m'as donc pas trompée ! La nourrice, dans sa joie, songe à peine à jeter à la hâte une robe sur sa maîtresse à demi-nue et toute occupée de son bonheur. On fait entrer la vieille : on lui demande le récit de son histoire : elle le commence dès l'arrivée du chevalier, sans négliger la moindre circonstance, sans omettre un mot, un trait échappé à son hôte..... C'est lui ! c'est lui ! s'écrie Fatmé, nous le tenons ! tout s'accorde au mieux...... On interroge de nouveau la vieille : on lui fait répéter jusqu'à trois et quatre fois ce qu'il a fait, ce qu'il a dit et ce qu'il n'a pas dit. On l'oblige à le dépeindre encore trait pour trait : il faut qu'elle redise quelle est la longueur et la couleur de ses cheveux, combien sont grands ses beaux yeux bleus. On a toujours cent choses à lui demander, qui lui sont échappées, sans doute, dans la chaleur du récit.

Tandis qu'elle parle avec autant de volubilité que si elle avait vingt ans de moins, l'édifice de la coëffure de Rézia s'élève sous les doigts de Fatmé. Des perles, plus brillantes que la rosée du matin, sont entrelacées avec ses cheveux noirs : ses oreilles, son cou et sa ceinture, sont ornés de pierres précieuses dont l'œil soutient à peine l'éclat. Ainsi parut la fille du sultan, égale en beauté à l'astre du jour, au milieu des nymphes de sa suite, revêtues elles-mêmes de leurs plus riches ornemens : elle est, pour tous les yeux, un objet d'amour et d'admiration, et cependant elle n'a encore été vue que par les personnes de son sexe. Rézia seule semble ignorer que près d'elle la clarté lumineuse des étoiles doit disparaître. Le feu qui pétille dans ses regards, cette inquiétude et ce désir secret qui agitent ses lèvres, ce pourpre qui colore ses joues plus que jamais, plongent toutes les jeunes filles dans l'étonnement. Est-ce là, se disent-elles, est-ce là cette fiancée rebelle qui, encore hier, frémissait d'horreur à l'approche de ce jour ?

Cependant les visirs et les émirs, parés de leurs habits de fêtes, se rassemblent dans la plus belle salle du palais. Le festin royal est dressé : les portes d'or s'ouvrent au son des trompettes ; et, précédé d'une foule innombrables d'esclaves de tous les pays, on voit paraître le calife avec sa barbe grise. Il est suivi, en grande pompe, de son gendre futur, du prince des Druses, le visage encore un peu pâle. Vis-à-vis l'on voit s'ouvrir la porte d'ivoire du harem, et Rézia s'avance, plus belle que les houris de Mahomet. Un voile, semblable à un nuage d'un gris argentin, tempère l'éclat éblouissant de sa figure angélique, et cependant, à son approche, une lumière céleste semble remplir aussi-tôt toute la salle. En contemplant de si touchans attraits, le cœur du prince et s'élève et s'affaisse tour-à-tour : il cherche dans ses yeux ce qu'il brûle d'y voir; mais il n'y rencontre qu'un regard glacé. Cependant la vanité, cette éternelle trompeuse, persuade à cet insensé que la froideur de Rézia n'est qu'un jeu, qu'une feinte; il se dit à lui-même qu'une nuit suffit pour amollir des monceaux de neige. Personne n'ignore combien est vain l'espoir dont il se berce; et, sans nous arrêter à décrire comment, après la prière de l'iman, on se mit à table au bruit des timbales et des clairons, comment le calife fit placer sa fille à sa droite et son gendre à sa gauche, et cent autres choses que l'on sait sans qu'on les dise, revenons, il en est tems, à notre paladin.

Vous vous rappelez qu'échauffé par son impatience et par divers pressentimens, il avait passé la nuit sur son lit de paille aussi peu tranquillement qu'un matelot balancé sur la hune pendant la tempête. Cependant l'aurore paraît à peine, qu'une vapeur de pavots et de lys se répand sur les yeux du guerrier : il s'assoupit, et déjà le Soleil est au milieu de son cours qu'il dort encore. Pendant son sommeil, Schérasmin va se promener aux environs du palais pour en observer la position et prévoir d'avance les moyens de mettre à fin l'œuvre de l'enlévement. De son côté, la bonne vieille, auprès de son petit foyer, apprête le dîner, en murmurant un peu de ce que son hôte repose si long-tems. Puis elle se tapit derrière la porte, pour l'épier à travers les fentes. Il venait de s'éveiller à l'instant même. Frais comme le printems quand il se dispose à danser avec les graces, le beau guerrier soulève à demi son corps; et devinez ce qui d'abord frappe ses yeux? Un caftan, tel qu'en portent les principaux émirs dans les fêtes solemnelles. Etalé sur un siege, il offre à ses regards un fond brillant d'or, brodé en perles précieuses : auprès il voit un turban aussi blanc que la neige, et, ce qui doit faire de lui un parfait émir, une ceinture de diamans à laquelle est suspendu un sabre si riche, que le fourreau et la poignée éblouissent les regards. Il trouve tout ce qui, de la tête aux pieds, doit completter sa parure ; les bottines de cuir doré, le bouton de diamant du panache élevé qui décore le turban. Le bon chevalier croit rêver encore. D'où lui vient un vêtement si magnifique ? La vieille demeure immobile d'étonnement. C'est un enchantement, s'écrie-t-elle, sinon j'en saurais quelque chose ! Schérasmin voit, à n'en pouvoir douter, le nain dans cette aventure. Huon est de son avis, et pense que ce vêtement lui fraiera, au milieu des payens, un chemin jusqu'à la salle du festin. Il a bientôt endossé le caftan et la ceinture. L'hôtesse se donne mille peines pour l'habiller en vrai musulman. Mais que ferons-nous de ce turban ? nous faudra-t-il couper ces beaux cheveux blonds ? — Pour le monde entier je n'y voudrais consentir ! — Ne vous fâchez pas ! il entre ; on le dirait fait tout exprès pour votre tête. Ainsi vêtu, messire Huon a l'air d'un sultan, si ce n'est que ses joues sont blanches, encore imberbes et unies comme le lys. Cependant, la bonne l'examine en tous sens, et retrouve toujours quelque chose à refaire à sa parure ; mais le fidèle Schérasmin lui ayant dit quelques mots à l'oreille, il se dispose à partir, présente avec grace une bourse pleine d'or à son hôtesse, et prend congé d'elle.

Ce n'est pas la coutume des Génies de faire les choses à demi. Un coursier richement harnaché se trouve à la porte. Deux pages beaux, bien faits et vêtus d'étoffes d'argent tiennent les rênes d'or. Le chevalier s'élance dessus, les pages courrent légèrement devant lui, et le conduisent, par un chemin détourné et des prairies émaillées de fleurs, sur les bords de l'Euphrate, en face du palais du calife. Il a déjà franchi la première cour, dans la seconde il met pied à terre et entre dans la troisième. Par-tout on le prend pour un convive du rang le plus élevé, par-tout la garde s'ouvre pour lui faire passage : il marche fièrement et s'avance vers la porte d'ébène. Douze maures de tailles gigantesques, l'épée nue à la main, en défendent l'entrée à tous les profânes ; mais à l'aspect majestueux du chevalier, ils baissent subitement la pointe de leurs glaives, et se prosternent du plus loin qu'ils le voient. Les battans s'ouvrent en gémissant sur leurs gonds, le héros les entend se refermer derrière lui et le cœur lui bat. Une longue galerie, ornée de colonnes et bordée de jardins, le conduit encore à une porte d'airain doré ; c'était celle d'une avant-salle remplie d'esclaves de toutes les nations et de toutes les couleurs, infortunés toujours languissans quoiqu'à la source des plaisirs. Dès qu'un homme couvert de l'éclat d'un émir s'offre à leurs yeux creux, le sentiment de leur néant les leur fait baisser, ils croisent les mains sur la poitrine, à peine même s'ils ont la hardiesse de le regarder lorsqu'il est passé.

Déjà retentit dans la salle du festin le son bruyant des tambours, des cimbales, des voix et des instru-

CHANT CINQUIEME. 73

mons. Déjà la tête du sultan est appésantie par les vapeurs du vin, déjà les convives épanchent plus librement leur joie. Rézia seule ne partage point l'ivresse qui brille dans les yeux de son époux, les siens étaient fixés sur son assiète, quand Huon entra avec une noble liberté. Il approche de la table, et tous les regards étonnés sont bientôt dirigés vers lui. Rézia, toute entière à ses pensées, ne dérange pas les siens; le calife lui-même, occupé en ce moment à vider une coupe, achève sans trouble son sacrifice. Le seul Babekan, qu'aucun bon génie n'avertit de sa chûte prochaine, tourne sa tête orgueilleuse. Le héros reconnaît aussi-tôt l'homme qui la veille a eu la hardiesse d'outrager le Dieu des Chrétiens; il est assis à la gauche du Sultan, et semble offrir son cou au châtiment. Le riche sabre sort du fourreau avec la rapidité de la foudre, la tête du payen vole dans les airs, son sang s'élance en bouillonnant, et inonde la table et celui qui est assis à ses côtés.

Quand dans la main de Persée, la redoutable tête de la Gorgone va, par son seul aspect, ôter la vie à la multitude en courroux, le palais du tyran est dans l'agitation, le tumulte va toujours croissant, la colère et la soif du sang se déchaînent dans le sein des barbares; mais Persée secoue à peine cette tête ombragée de serpens que le poignard s'arrête dans leurs mains sanguinaires, et les meurtriers sont transformés en rochers. De même ici la joie des convives est suspendue à la vue de cette action audacieuse. Semblables à des spectres, ils quittent tous à la fois leurs sieges, veulent s'armer de leurs glaives; mais engourdis par l'effroi, leurs bras ne peuvent les tirer du fourreau. Une rage impuissante se peint dans les yeux immobiles du calife : il retombe sans parole sur ses coussins. Le tumulte, qui regne dans la salle, arrache la Princesse à sa rêverie. Troublée, elle en cherche autour d'elle la cause. Ses regards se portent vers Huon. Oh! que devint-il alors qu'il l'a vit? C'est elle, s'écria-t-il, c'est elle! ivre d'amour et de joie le fer sanglant échappe de ses mains, son turban roule sur le tapis, et ses cheveux, qui tombent en ondoyant sur ses épaules, le font reconnaître de Rézia. C'est lui, c'est lui! — Elle n'en peut dire davantage, la pudeur étouffe sa voix dans sa bouche de rose. Oh! combien son cœur lui battit pour la première fois, alors que plein d'une hardiesse amoureuse, à la vue des convives, il s'élanca vers elle, la prit dans ses bras, et osa cueillir un baiser sur ses lèvres vermeilles. Le visage de la princesse passe alternativement de la rougeur à la paleur, l'amour et une colère enfantine se succèdent rapidement dans son ame.

Déjà le héros l'avait embrassée deux fois. Mais où trouvera-t-il l'anneau nuptial? Il en possède un; celui que, dans la tour de fer, il prit au géant. Il en connaissait, à la vérité, si peu la vertu, que le plus commun lui semblait l'égaler en valeur; mais la nécessité l'emporte : il le passe au doigt de la princesse en disant : je te consacre à ma chère épouse; puis il dérobe, pour la troisième fois, un baiser sur cette bouche divine qui n'oppose plus qu'une faible résistance. A cette vue, le sultan irrité grince des

CHANT CINQUIEME. 75

dents, frappe du pied, il s'écrie : » Quoi ! vous souffrez que cet infidèle ose m'outrager ainsi ! saisissez-le : hésiter c'est me trahir : que son sang impur, répandu goutte à goutte, expie sa criminelle audace «. A ces mots, cent glaives brillent aux yeux de Huon. A peine, avant que la tempête l'assaille de tous côtés, a-t-il le tems de ramasser son sabre : d'un air menaçant il le balance dans les airs.

Cependant Rézia, inspirée par l'amour et alarmée pour son amant, l'enveloppe d'un de ses bras, de son sein lui fait un bouclier, de sa main droite saisit son glaive, et s'écrie d'un ton farouche : Retirez-vous, téméraires, retirez-vous ! ce n'est qu'au travers de ce sein que vous arriverez jusqu'à lui. Le désespoir altère les traits de cette femme aussi belle, aussi tendre que l'épouse de l'amour. » Présomptueux ! crie-t-elle aux émirs, n'approchez pas ! O mon père ! ménages ses jours ! Et toi, que le destin m'accorde pour époux, épargnes ceux de mon père, épargnes mon sang, ma vie en dépend «..... Inutiles paroles ! la colère et les menaces du sultan l'emportent ; les payens s'avancent ; le chevalier fait en vain briller son glaive : les accens douloureux de Rézia déchirent son cœur; elle le retient encore : c'en est fait de lui s'il n'a recours à son cor. Il l'approche de ses lèvres, et de ses flancs tortueux tire des sons doux et harmonieux. Tout-à-coup les épées tombent ; les émirs sont frappés d'un vertige ; ils se prennent par la main et dansent en rond : des cris de forcenés retentissent dans toute la salle : jeunes et vieux, tout ce qui a des jambes est contraint de sauter ; la vertu du cor ne leur laisse pas de choix. Interdite à la vue de ce prodige, la seule Rézia reste tranquille auprès de Huon : le trouble et la joie se peignent à-la-fois sur son visage.

Cependant, tout le divan saute ; les vieux bachas battent la mesure : l'âge, les dignités, tout est atteint de cette frénésie. On voit danser l'iman avec le jeune icoglan. Le sultan lui-même ne peut y résister ; et prenant par la barbe son grand visir, il le force à faire maintes gambades. Cette insatiable gaieté se répand bientôt dans les salles voisines ; elle gagne d'abord les eunuques, ensuite les femmes, et puis enfin la garde. Dans ce tumulte magique, le harem recouvre sa liberté. Les bostangis eux-mêmes, encore couverts de leurs tabliers bigarrés de diverses couleurs, se mêlent avec les jeunes nymphes. Rézia, immobile, en croit à peine ses yeux, à peine elle respire. » Quel prodige ! dit-elle, et il arrive dans le moment où seul il pouvait nous sauver « ! Princesse, répond le héros, un bon génie nous protége. Cependant son fidèle Schérasmin, suivi de Fatmé, s'avance vers eux, au travers de la troupe dansante. Venez, mon cher maître, dit-il ; ne nous amusons pas à regarder ce bal. Les chevaux sont prêts, le palais extravague, les portes sont ouvertes et sans gardes, que tardons-nous ? J'ai rencontré, dans mon chemin, madame Fatmé ; elle a tout préparé pour la fuite : ses paquets sont faits. Sois tranquille, répond le guerrier ; il n'est pas encore tems de partir. Je veux auparavant mettre à fin l'entreprise la plus difficile. A ces mots, Rézia pâlit. Ses yeux inquiets semblent dire : pourquoi différer quand nous touchons à notre perte ? hâtons-nous ! fuyons avec la rapidité des vents, avant que le vertige qui enchaîne les sens de nos ennemis se dissipe. Mais Huon, inflexible, se contente de jeter sur elle des regards pleins d'amour, et de presser vivement sa main contre son cœur.

Cependant, la vertu du cor s'affaiblit par degrés ; la tête tourne aux danseurs, la sueur les inonde, leurs jambes fléchissent, et déjà dans leurs poitrines épuisées s'amasse un sang épais et noir. Ce plaisir involontaire était pour eux un supplice. Le calife, baigné dans sa sueur, chancelle et tombe sur son ottomane. Chaque instant voit tomber un danseur exténué sur les coussins rebondis qui bordent les parois de la salle. Les émirs, les esclaves sont renversés pêle-mêle près des beautés du serrail : le hasard seul en décide : le même sopha reçoit à-la-fois et la favorite et le valet d'écurie.

Sire Huon, profitant du silence qui regne dans toute la salle, confie sa princesse au fidèle Schérasmin, le place près de la porte, lui recommande d'être sur ses gardes, et lui donne à tout événement le cor d'ivoire. Puis il s'approche du trône de coussins où repose le calife exténué. La surprise, aux ailes étendues et respirant à peine, plane sur tous les assistans plongés dans un profond silence. Ils s'efforcent d'ouvrir leur yeux appesantis par le sommeil pour considérer cet étranger qui, après son action téméraire, s'avance lentement vers le calife, les mains désarmées et d'un air suppliant.

Le chevalier fléchit un genou devant le monarque, et lui adresse ces paroles d'une voix douce, mais avec le regard assuré d'un héros. » L'empereur

Charles, dont je suis le vassal, salue le souverain de l'Orient : il te demande..... Pardonnes! il m'en coûte de te le dire; mais ma bouche, ainsi que mon bras, est aux ordres de mon prince...... Il te demande quatre de tes dents et une poignée de ta barbe argentée «.

Après ces mots, il se tait et attend tranquillement la réponse du sultan. Mais où trouver des expressions assez énergiques pour peindre la fureur du vieillard, l'air farouche dont ses traits s'animèrent, ses yeux hagards, ses veines enflées par la colère et l'impétuosité avec laquelle il se précipita de son trône? Il promène ses regards autour de lui; il veut parler; il veut maudire, et la rage transforme en écume chacune de ses paroles sur ses lèvres livides. » Esclaves, dit-il enfin, levez-vous : qu'on arrache le cœur à ce monstre ! qu'on coupe ses membres les uns après les autres! qu'on fasse couler goutte à goutte son sang infâme! que son corps soit jeté dans les flammes et ses cendres dispersées par les vents! Et son empereur Charles, que Dieu confonde ! oser me faire une pareille demande ! à moi ! dans mon palais! Qui est-il ce Charles qui m'outrage ? que ne vient-il lui-même, s'il soupire tant après ma barbe et mes dents? que ne vient-il en personne pour me les arracher «? Il faut que cet homme ait perdu le sens, ajoute un vieux kan; car ce ne doit être qu'à la tête de trois cent mille hommes qu'on hasarde une pareille demande.

» Calife de Bagdad, s'écrie le chevalier d'un ton noble et fier, fais faire silence, et daignes m'écouter. Il me tarde de m'acquitter de ma parole envers Charles :

les ordres du destin sont sévères sans doute ; mais quelle est, sur la terre, la puissance capable de se soustraire à sa volonté souveraine! Sachons obéir à ses commandemens, et souffrir les maux auxquels il nous condamne. Seigneur, je ne suis qu'un mortel comme toi; mais, malgré ta garde, je saurai tenir ma promesse au péril de ma vie. Toutefois l'honneur me permet encore de te faire une offre : renonces à Mahomet, fais arborer dans Babylone la croix, ce noble symbole des chrétiens; adoptes leur croyance, la seule véritable, et tu auras fait plus que Charles n'exige. Je te tiens quitte du reste, et ma tête tombera avant que qui que ce soit ose te le proposer. Tu le vois ; je suis jeune et je suis seul; mais ce qui vient de se passer doit t'avoir appris que j'ai pour protecteur un être plus puissant que tes nombreux bataillons. Crois-moi, si tu es sage, tu suivras mes avis «.

Tandis que ce jeune héros, égal en force et en beauté au messager des dieux, dédaigne les lances menaçantes dont il est entouré, qu'il affronte les dangers avec tant d'audace et parle d'un ton si mâle, Rézia, dont l'amour et l'admiration colorent les joues, penche tendrement vers lui son beau cou, et attend, en frémissant, l'issue de tant de prodiges.

Sire Huon avait à peine achevé de parler, que le vieux sultan se met à crier comme un possédé. Il frappe des pieds et des mains : son esprit est entiérement aliéné. Dans leur zèle insensé, les payens s'élancent de leurs sieges : armés de lances et de poignards, ils se précipitent avec fureur et menaces sur l'ennemi de Mahomet; mais avant qu'ils aient pu l'atteindre, le chevalier arrache une barre des mains de l'un d'eux, et s'en sert comme d'une massue. Il en frappe tout ce qui l'entoure, et, sans cesser de combattre, gagne insensiblement un des murs de la salle. Un grand plat d'or qu'il enlève de dessus la table, lui tient lieu de bouclier. Déjà le plancher est couvert d'une foule de payens luttant contre la mort. Le bon Schérasmin, chargé de veiller sur la princesse, croit voir son ancien maître dans la mêlée: plein de joie, il rassasie ses regards de ce spectacle qui l'enchante; mais tiré bientôt de cette agréable erreur par un cri de Rézia, il voit la fureur des infidèles et le danger du héros. Aussi-tôt il s'arme du cor et souffle avec tant de force, qu'on le dirait chargé de la résurrection des morts.

A ces accens terribles, tout le palais semble prêt à se briser en éclats. La nuit la plus effroyable succède au jour : on entrevoit dans l'ombre des spectres qui passent avec la rapidité de l'éclair : un tonnerre continu ébranle les fondemens du château; la terreur s'empare des payens : ils chancellent; ils perdent et la vue et l'ouïe; les lances, les épées échappent de leurs mains engourdies : ils s'assemblent par grouppes et restent immobiles. Le sultan, étourdi par tant de prodiges, paraît lutter avec la mort pour la dernière fois. Son bras est sans force et sa poitrine oppressée; son pouls est languissant et bientôt cesse de battre.

Soudain l'orage s'appaise : un doux parfum de lys se répand dans la salle, et, sur un nuage, l'on voit paraître Oberon. A son aspect, Rézia pousse un cri de frayeur et de joie : une crainte involontaire et une timide confiance agitent également ses esprits. Les bras croisés sur son sein et la figure animée, elle se tient auprès du jeune homme auquel elle a donné son cœur; et malgré le doux sentiment de son innocence, elle ose à peine lever les yeux sur son sauveur «.

» C'en est assez, Huon, dit le génie ; tu as acquitté ta parole, et je suis content de toi. Cette beauté doit être ta récompense ; mais avant de quitter ces lieux, que Rézia songe au parti qu'elle doit prendre ; qu'abusée par ses yeux elle ne s'expose pas à un tardif et vain repentir, ni aux regrets qu'entraîne souvent un choix précipité. Le destin la laisse libre de demeurer ou de partir. Renoncer à tant de magnificence, abandonner et la cour et le trône pour lequel elle était née, s'embarquer avec un homme sur cette vaste mer du monde, sans savoir quel sera le terme et l'issue du voyage, vivre pour lui seul, souffrir avec lui les caprices de la fortune, en supporter les coups..... Ah! souvent ces coups partent de la main la plus chère !.... Avant de braver ces dangers, il doit être permis, sans doute, de bien consulter son cœur. Rézia, il en est tems encore, si ces hasards t'effraient, tu peux tromper les vœux de l'amour. Ils ne font que sommeiller, ces hommes que tu crois enveloppés des ombres de la mort. Un coup de ma baguette suffit pour les rendre à la vie. Le sultan te pardonnera sans peine le passé, quelqu'amer qu'il soit pour lui, et Rézia se verra de nouveau l'idole de l'univers «. Ainsi parla le beau nain. Huon, plus pâle que la mort, attend l'arrêt dont le menace

Oberon, le cruel Oberon! Le brillant coloris de ses joues est entiérement éteint; trop généreux ou trop fier peut-être pour chercher à séduire par de tendres discours un cœur incertain; plongé dans un chagrin profond qu'il contient à peine, il tient ses yeux fixés sur la terre, et ne permet pas à un seul de ses regards de parler en sa faveur. Máis Rézia, brûlante encore du premier baiser qu'elle a reçu, n'a pas besoin d'alimens nouveaux pour ranimer sa flamme. Oh! que ce qu'elle doit quitter lui semble peu de chose! Tout ce qu'elle aime au monde, elle va le posséder en possédant Huon! Elle cache dans ses bras, qu'elle baigne de ses larmes, son visage coloré par l'amour et la pudeur. Tandis que son cœur, vivement ému par la tendresse et le ravissement, cherche à se presser contre le cœur de son amant, Oberon agite doucement sur eux sa baguette de lys, comme s'il voulait bénir l'union de leurs ames; et une larme qu'il laisse échapper roule sur leurs fronts. » Couple chéri, dit-il, volez sur les ailes de l'amour; mon char vous attend : allez, il vous aura transporté sur les rives d'Ascalon, avant que la nuit ait développé ses ombres «.

A peine il a prononcé ces mots, qu'il disparaît. La belle fiancée de Huon semble quitter un rêve agréable : elle respire avidement le doux parfum qu'il laisse après lui; puis jetant un regard craintif sur son père, qui paraît plongé dans le sommeil de la mort, elle soupire; une douleur cruelle se mêle à la félicité dont son cœur est rempli. Elle s'enveloppe dans ses vêtemens. Le chevalier, éclairé par l'amour, n'a pas plutôt vu les larmes qui obscurcissent les beaux yeux de Rézia et deviné le trouble qui l'agite, qu'il l'entraîne hors de la salle avec une douce violence. » Partons, dit-il, avant que la nuit nous surprenne, et que le tems ait éveillé les bras que notre bon génie tient encore enchaînés. Quittons ces lieux avant qu'un nouvel ennemi, peut-être, ne mette obstacle à notre fuite. Chère Rézia! n'en doutez pas, sitôt que nous serons hors d'atteinte, notre bienfaiteur jetera un regard de compassion sur ces êtres assoupis «. Il dit et l'emporte dans ses bras le long des degrés de marbre qui conduisent au char qu'Oberon a préparé pour eux. Jamais mortel n'a porté un plus doux fardeau! Un silence effrayant regne dans tout le palais; c'est celui des tombeaux. Les gardes, couchés çà et là tels que des cadavres, sont ensevelis dans un profond sommeil. Rien ne s'oppose à la fuite des amans. Mais la princesse ne veut pas se confier seule au chevalier, et sa nourrice monte à la hâte dans le char avec Schérasmin. A la vue de tant de prodiges, la pauvre Fatmé ne sait où elle en est. Quelle surprise fut la sienne, alors qu'en se retournant elle vit pour attelage quatre cygnes gouvernés par un enfant! Jugez de son effroi quand elle se sentit transportée dans les airs. Elle ose à peine respirer; elle ne peut comprendre comment ce char, si pesamment chargé, peut s'élever et se soutenir sur ce vaste élément, et rouler sur les nuages aussi facilement qu'un esquif léger vogue sur la surface de l'onde. Mais quand la nuit vint, la peur enfin l'emporta sur la honte, et Fatmé se serra contre Schérasmin aussi ferme que celui qui veut dormir se serre contre son oreiller. Sans doute le bonhomme s'y prêtait de bonne grace ; en pareil cas le cœur se met volontiers de la partie : mais il faut dire, pour l'honneur de ce brave vieillard, qu'il sut maintenir dans toute sa pureté la flamme qui l'animait.

Il n'en était pas ainsi du jeune couple que l'amour semblait conduire avec les cygnes de sa mère. Que leur char enchanté traverse des routes frayées, qu'il roule ou qu'il nage, que sa course soit lente ou rapide, qu'il soit conduit par des chevaux ou des cygnes, qu'il mette ou non leurs jours en danger, peu importe ; ils n'y prennent seulement pas garde ; leur félicité présente est pour eux un beau rêve, un enchantement. Ils gardent un silence involontaire ; mais ils ne se lassent pas de se regarder, ils pressent leurs mains brûlantes contre leurs cœurs ivres d'amour ; et dès que le ciel et la terre ont disparu à leurs yeux, les seuls qui soient encore ouverts dans la nature, ils se demandent alors : » Est-ce ou n'est-ce pas un songe ? Sommes-nous en effet dans un char ? Non ! s'écrient-ils à-la-fois, ce n'était pas une vaine illusion lorsque je te vis dans mon sommeil ; c'était Rézia elle-même..... c'était Huon ! Un dieu l'a permis sans doute ! Tu es à moi !..... Je suis à toi ! qui eût osé l'espérer ! réunis si miraculeusement ! Jamais, non, jamais nous ne nous séparerons « ! Après ces mots, ils se regardent de nouveau, et pressent encore leurs mains contre leurs cœurs et sur leurs lèvres. En vain la nuit étend sur toute la nature ses ailes chargées de vapeurs ; les regards perçans de l'amour savent pénétrer au travers de son obscurité. Leurs yeux brillent d'une lumière céleste dans laquelle leurs ames se mirent. Pour ces amans il n'est point de nuit : c'est l'Elysée ; c'est le ciel éclatant qui les environne et développe en eux, à chaque instant, de nouveaux sens. Cette douce ivresse les plonge insensiblement dans un sommeil enchanté. Leurs paupières succombent, leurs sens se taisent, leurs ames, concentrées dans un seul sentiment, semblent s'être affranchies de leurs corps : ce n'est que par ce sentiment qu'elles sentent leur existence; il les pénètre de toutes parts. Oh! combien ce sentiment est vaste! combien ses bornes sont reculées !

CHANT SIXIEME.

Arrivée des Amans à Ascalon. Visite d'Oberon, ses avis. On s'embarque. Baptême de Rézia. Transports de Huon partagés par sa Maîtresse. Schérasmin, pour les distraire, leur propose le récit d'un Conte, Histoire de Janvier et de Mai.

CEPENDANT l'aurore commençait à peine à chasser les ombres de la nuit, et de ses doigts de roses ouvrait au jour les portes de l'orient. Le char attelé de cygnes s'arrête non loin des bords que baigne la mer d'Ascalon, sous un abri de hauts palmiers. Une légère secousse éveille nos deux couples. Il arrache l'un des bras du sommeil et l'autre de ceux de l'amour.

En voyant pour la première fois cette mer sans bornes éclairée par les premiers rayons du Soleil, une terreur mêlée de plaisir fit trembler la fille du sultan. Ses regards surpris parcourent rapidement cette vaste étendue. L'immensité semble s'ouvrir devant elle. Cependant, malgré l'admiration que lui cause ce spectacle sublime, un frisson la saisit alors qu'elle compare sa petitesse à cette immensité. Ses yeux se couvrent d'un voile épais : où suis-je ? s'écrie-t-elle ; mais Huon, placé près du char, lui tend les bras et l'emporte ; il a bientôt rappelé ses esprits troublés. Bannis toute crainte, lui dit-il, je te tiens dans mes bras. Il presse de ses lèvres brûlantes d'amour et de désir son sein que soulèvent de légers

CHANT SIXIÈME.

soupirs. C'est avec un charme et une félicité inexprimable qu'elle se sent enveloppée par tout ce qu'elle aime. Elle s'abandonne à son amant; de ses bras arrondis elle entoure son corps; le jeune lierre n'est pas plus fortement attaché au tronc qui le soutient. Le guerrier transporte ce doux fardeau sous l'ombrage des palmiers et le pose sur la tendre mousse : assis à ses côtés, il ne changerait pas sa place pour le trône d'un sultan.

Le bon vieillard et Fatmé accompagnent cet aimable couple, qu'ils ne veulent abandonner qu'à leur dernier soupir. Ils étaient à peine placés l'un auprès de son maître et l'autre aux pieds de sa maîtresse, que le beau nain parut tout-à-coup nageant dans les airs. Au travers d'une douce mélancolie, on distingue dans ses regards la bienfesante amitié. Il tenait dans sa main une petite cassette ornée de pierres précieuses et resplendissantes. » Ami Huon, dit le génie, acceptes ce présent. En le recevant, Charles verra que tu as exécuté fidèlement ses ordres, quoiqu'il n'ait pas expressément exigé ce témoignage «.

Cette cassette renfermait les dents et la moustache du calife, bien enveloppés dans du coton. Durant la léthargie du sultan, un garde invisible d'Oberon s'était mis vite à l'ouvrage, et avait, en un moment, terminé cette affaire sans ciseau ni pélican ; mais il faut l'avouer, il n'était pas trop convenable d'en faire le don en présence de Rézia. » Partez sans plus tarder, reprit le nain, ne laissez pas au calife le tems de courir après vous. Non loin d'ici vous trouverez un vaisseau qui vous conduira sans accident à Lépante en moins de sept jours : dans ce lieu, un autre vous attend pour vous transporter à Salerne; delà vous vous rendrez droit à Rome avec la promptitude que donnent et l'amour et le désir. Quant à toi, Huon, n'oublies pas mes avis; qu'ils soient profondément gravés dans ton ame; ne vivez entre vous que comme frère et sœur, jusqu'à ce que le saint pontife, ton oncle, ait consacré vos nœuds en présence de l'éternel. Gardez-vous de jouir avant le tems d'un plaisir bien doux, sans doute...... Sachez qu'au moment où vous le tenteriez, Oberon serait forcé de vous abandonner pour toujours «.

Il dit et soupire. Un chagrin morne se peint dans ses yeux. Il fait approcher les amans, les embrasse; et tandis que leurs regards sont fixés dans les airs, il disparait comme l'image enfantée par les nuées. Cependant, l'éclat du jour s'obscurcit, les vents font entendre leurs tristes siflemens au travers des palmiers: la mer et les campagnes, plongées dans un silence effrayant, semblent se résoudre en une vapeur sombre. Une douleur extraordinaire, une crainte inconnue, oppressent le couple chéri; ils se regardent, la pâleur regne sur leurs visages, la parole expire sur leurs lèvres entr'ouvertes; ils veulent entrelacer leurs bras, un frisson intérieur les retient. Mais bientôt le brouillard se dissipe, les rayons du Soleil reparaissent, la nature reprend son aspect riant; le courage et la joie rentrent dans le cœur des amans. Ils se rendent en hâte au vaisseau; et, graces aux bontés de leur divin protecteur, ils le trouvent pourvu de tout, et prêt à partir. Un vent favorable souffle, on lève l'ancre, les matelots poussent des cris de joie. Le navire, les voiles déployées, fend l'onde azurée avec la rapidité d'un oiseau. L'air est pur et serein, et la mer unie comme un miroir. Semblable au cygne orgueilleux, le vaisseau vogue majestueusement et sillonne à peine les flots. Tous ces enfans de l'Océan, les nautoniers, en sont surpris : chacun s'écrie que jamais homme n'a fait un pareil voyage. Le chevalier et sa maîtresse restent des heures entières sur le tillac; leurs bras sont entrelacés ; ils regardent, et tant d'objets nouveaux pour eux assoupissent la violence de leur amour. Après avoir promené leurs yeux sur cette vaste plaine liquide jusqu'aux lieux où l'azur des eaux se confond avec celui du ciel, Huon parle de son pays, de sa beauté, du bonheur de ses habitans. Il dit que d'un bout du monde à l'autre le Soleil n'est nulle part aussi bienfesant que sur les bords rians de la Garonne. Son vieux vassal affirme qu'il dit vrai ; car son cœur tressaille toutes les fois qu'il entend parler de sa chère patrie. La belle Rézia, immobile, les écoute: bien des mots, il est vrai, sont inintelligibles pour elle ; mais ce qui ne peut lui échapper, ce qu'elle comprend aisément, et avec un plaisir inexprimable, quelque nouveau que ce soit pour elle, c'est le langage des yeux de Huon. Une douce pression de sa main brûlante, un soupir qui lui échappe, un tendre baiser qu'il ravit sur ses joues de roses, un regard sur-tout qu'humectent les pleurs de l'amour, est-il rien dans la nature de plus fait pour convaincre et pour attendrir? la flèche la plus rapide l'est-elle autant que ce regard ? atteint-elle plus sûrement au but, et cause-t-elle aussi peu de douleurs. Tels sont les discours par lesquels s'exhalent leurs ames. Souvent aussi, pour éviter les témoins, ils se glissent furtivement dans leur chambre ; là ils s'appuient sur la fenêtre, ou s'asseoient sur un sopha. Jamais pourtant ils ne sont entièrement seuls; la nourrice est toujours à portée d'eux; Huon lui en a imposé la loi. Ces mots terribles du sévère génie : *Gardez-vous de céder à vos désirs !* retentissent sans cesse à son oreille. *Songez que je serais forcé de vous abandonner pour toujours !* qu'a voulu dire Oberon en les prononçant ? La méditation la plus profonde était peinte dans ses yeux qui, de moment en moment, devenaient plus graves et plus nébuleux : ils étaient même baignés de larmes, et sa figure avait perdu son éclat accoutumé.

Ce souvenir remplit de pressentimens l'ame du bon chevalier. Il se défie de lui-même ; il craint qu'Oberon ne condamne les plus innocens badinages de l'amour. Cependant sa flamme concentrée le dévore toujours de plus en plus; l'air qu'il respire est un air enchanté, puisque Rézia le partage ; elle y mêle son souffle ; son image chérie se peint sur tous les objets où s'arrêtent ses regards. Elle-même s'offre à lui dans tout son éclat, à l'aurore, au crépuscule, à la douce clarté de la Lune. Hélas ! est-il une position dans laquelle sa taille de nymphe ne ravisse ses sens ? Le voile qui la cache à des yeux étrangers se découvre dans l'appartement, et permet à l'œil timidement hardi d'errer, comme l'abeille, sur son cou et sur son sein. Huon sent le doux péril qu'il court ; il s'écrie souvent : O ma bien aimée ! s'il me faut résister jusqu'à Rome à tant d'appas, enveloppes-toi du moins de sept voiles, caches chacun de tes attraits sous mille plis divers, laisses tomber sur ces bras d'ivoire ces larges manches jusqu'au bout de tes doigts; ou plutôt, Oberon, toi qui te dis mon ami, transformes mon cœur, jusqu'au terme de mon voyage, en une pierre insensible.

Dans cette lutte pénible, le chevalier avait bien la ferme résolution de remporter la victoire, mais ses forces étaient sur le point de l'abandonner. Cependant, ce combat difficile lui semble digne de son courage; il est déjà grand, il est déjà beau de le tenter : que serait-ce donc s'il s'en tirait avec gloire? Mais comment résister à un ennemi qui, dans l'assaut même qu'on lui livre, trouve sans cesse de nouvelles forces? N'est-ce pas déjà s'avouer vaincu que de se livrer en silence au sentiment que l'on éprouve près de la beauté qu'on aime?

Sire Huon se rappelle heureusement ses devoirs; il sait que les loix de la chevalerie l'obligent à s'occuper de l'instruction de la fille du sultan. Hélas! cette princesse infortunée était encore payenne et croyait à Mahomet, sans trop savoir pourquoi. Le paladin, pressé de l'arracher à cette fatale erreur, se hâte de lui faire part de son peu de christianisme. (L'amour vient à son aide.) Son zèle égalait celui d'un martyr : ferme dans sa foi, mais faible en science, la théologie n'était nullement son fort. Il savait son *Pater* et son *Credo* sans la glose, et rien de plus; mais le désir ardent qu'il a de convertir sa maîtresse lui tient lieu de lumières. Sire Huon, ennemi par état des disputes de mots, traite cette besogne comme une aventure, et ce qu'il croit, il jure hautement qu'il le prouvera l'épée à la main, sur terre et sur mer, à toute la gent payenne. Que la vérité a de force dans la bouche d'un amant! le cœur l'écoute avec joie et dans le silence de la curiosité. L'amour est facile à persuader; avec un regard, un baiser, tout devient article de foi. Rézia, sans se perdre dans de vaines questions, croit ce que croit son amant, et dans fort peu de tems fait, avec beaucoup de graces, le signe de la croix sur son front et sur sa poitrine. Notre héros, dans sa simplicité, pense qu'il ne faut pas différer à lui administrer l'eau sainte du baptême; elle-même le désire avec ardeur, et c'en est assez pour que son amant s'emporte contre le moindre obstacle. Un jeune passager, de l'ordre de Saint Bazile, grand ennemi des payens, consentit aisément à leur prêter son ministère, moyennant la rétribution d'usage en pareil cas.

Rézia qui, depuis sa conversion, prit le nom d'Amanda, acquit, par ce changement, non-seulement le paradis, mais sa beauté parut encore en prendre un nouvel éclat. Quant à Huon, dès ce moment, son bon génie l'abandonna visiblement. Dans sa joie tumultueuse, il ne cessait de serrer sa maîtresse contre son cœur, d'imprimer ses lèvres sur ses beaux bras, de l'appeler du nom d'Amanda. Vainement son fidèle écuyer l'avertit par des signes; vainement Fatmé se place vis-à-vis d'eux : dans son transport, le paladin oublie le nain, ses avis, et le danger auquel il s'expose. Rézia même, depuis qu'elle a quitté ce nom, se croit dégagée des liens de la contrainte; elle n'est plus Rézia; elle peut donc oublier son rang, la cour, sa patrie; en un mot, tout ce qui n'est pas Amanda. Les ressouvenirs qui par fois pesaient sur son cœur, la quittent en prenant ce nouveau nom. Elle est tout-à-fait recréée pour Huon ; pour lui elle a sacrifié tout ce qu'elle était ; et, par amour pour lui, elle sacrifierait l'univers entier ; car dans ses bras elle sent qu'elle n'a rien perdu. Amanda s'est donnée ; Amanda ne peut plus vivre que pour l'amour et par l'amour : c'est désormais le seul bien qu'elle puisse recevoir, le seul bien qu'elle puisse donner.

En voyant ce couple amoureux si bien d'accord, le brave Schérasmin s'épouvante ; il démêle, dans leurs regards, je ne sais quel désir de cueillir le fruit défendu : il voit qu'un témoin leur devient importun ; car sitôt qu'il tournait la tête, ils s'embrassaient avec une vivacité, une ardeur inexprimable, et rougissaient quand ses regards se reportaient sur eux. Il se retrace sa propre jeunesse ; et, dans ce miroir fidèle, il ne voit que trop bien ce qu'ils ne sont plus eux-mêmes en état de voir. Il voit que la jeunesse, privée d'expérience, ressemble à l'insecte ailé qui s'approche imprudemment de la flamme : son éclat le séduit, sa chaleur lui semble douce. Trompé par sa propre innocence, il voltige circulairement autour de la lumière, s'en rapproche sans cesse, et tout-à-coup, hélas ! il y brûle ses ailes.

Dans un si pressant besoin, le fidèle vieillard se concerte en secret avec Fatmé sur les moyens de contenir, au moins jusqu'à Rome, l'ardeur du chevalier. Il ne veut rien négliger pour les distraire de leur amour. Son imagination lui fournit divers expédiens qu'il adopte et rejette aussi-tôt. Enfin, il leur propose d'abréger la soirée par le récit d'un conte. Il l'appelle un conte, et cependant ce n'en était pas un. Il le tenait d'un calender de Bassora, qu'il avait connu dans un voyage qu'il fit chez les peuples de l'orient, après la mort de son maître, long-tems avant qu'il eût quitté cette mer orageuse qu'on nomme le Monde. Ce souvenir échauffe Schérasmin; il le croit inspiré par le ciel même.

L'écuyer commença ainsi :

» Sur les rives du Tessin vivait jadis un gentilhomme assez jeune en sagesse, et cependant sa barbe et ses cheveux étaient tout-à-fait gris. La goutte et la paralisie, fruits amers et tardifs de plaisirs trop souvent répétés, le visitaient fréquemment. Homme de cour d'ailleurs, galant, bien appris, et renommé par son expérience à la guerre. Heureux célibataire et fidèle poursuivant d'amour, il se livra long-tems à ses désirs coupables ; et trottant par monts et par vaux, il épiait sans cesse les occasions de s'introduire chez la femme de son voisin. Las enfin de cette vie vagabonde, il lui prit fantaisie de soumettre sa tête branlante au joug d'un saint hymen. En homme de goût et de sens rassis, il cherche une compagne faite tout exprès pour son lit et pour sa table, dont l'humeur soit tour-à-tour enjouée et sérieuse. Il la lui faut pieuse, modeste et novice ; sa sûreté en dépend. De plus, chaste comme Diane, ennemie des vaines frivolités, et jeune sur-tout. Quant à l'extérieur, il exige qu'elle ait les cheveux et les yeux noirs comme l'ébène, des joues de roses, un sein et des bras parfaitement arrondis.

» Des trente-trois qualités dont une belle, dit-on, doit être pourvue, à peine eût-il permis qu'une seule manquât à sa femme. Il lui faut au moins des yeux qui lancent des regards de feu au travers d'un nuage humide et léger, une main douce et blanche, des lèvres qui invitent le plaisir à voler au-devant d'elles, une taille et des formes qui présentent à la vue les contours les plus délicats, et offrent sous la main qui les pressent une douce résistance.

» En fesant une si belle acquisition, le bon vieux sire n'avait oublié qu'une seule chose, c'était les soixante-cinq ans qui couvraient de neige presque toute sa tête. Il mit à la vérité, par un pressentiment secret, comme condition expresse à son mariage, que son épouse ne serait animée, vive, agaçante que pour lui seul, et serait de glace pour les autres. mais qui pourra consentir à signer semblable clause? Ce sera Rosette. Élevée aux champs, sa beauté, ainsi que la violette, venait d'éclore à l'ombre. Vive et légère, elle ne vit dans son époux, ou son maître futur, que l'homme qui allait la faire grande dame, lui donner de riches habits et mille de ces bagatelles qui ont tant de prix aux yeux des enfans. Rien de plus encore n'avait occupé son jeune cœur. On célébra les noces avec pompe. Le noble époux, un peu roide et pesant, s'avance, d'un air de fête, pour prendre la main de Rosette, et croit bonnement que son baptistaire a menti de vingt ans au moins. Des milliers de curieux se portent aux avenues de l'église, et le long de la haie qu'ils forment on entend ces mots, prononcés à voix basse : Oh! le beau couple! ils se ressemblent comme janvier et mai!

» Le vieux Gangolfe était, suivant l'usage en pareil cas, fier de l'innocence de Rosette. Le lendemain, il se pavanait et marchait plus droit qu'un cierge ; c'était la dernière lueur d'une lampe qui s'éteint. Les maux qui d'ordinaire s'associent aux amours surannés vinrent en foule s'établir chez lui. Plus la beauté de Rosette devenait touchante, et plus son vieil époux s'affaiblissait. Cependant, il redouble de soins, et, pour lui prouver sa tendresse, il a recours à d'autres moyens. Tout ce qui peut flatter ses goûts, de riches vêtemens, de superbes dentelles, les bijoux les plus beaux lui sont prodigués chaque jour. Le prix ne l'arrête pas : ils plaisent à Rosette, c'est assez. Pour tout remerciement, il ne demande qu'un baiser ; en un mot, il joue le rôle d'un vieux mari. De son côté, la jeune Rosette, contente de son sort, ne néglige rien pour satisfaire le vieillard à sa manière. Elle s'assied sur lui dès qu'il le désire, se laisse bercer sur ses genoux, lui permet de folâtrer tant qu'il peut, se prête, avec complaisance, à ses vaines caresses ; et si (ce qui par fois arrive) le sommeil vient à le surprendre, elle souffre que sa tête pesante repose sur son sein.

» Ils vécurent ainsi plusieurs années dans l'union la plus parfaite, chastes comme de pieux tourtereaux. Rosette fidelle, et son époux, plein d'une confiance dont chacun était édifié. Charmé de son innocente gaieté, il oubliait sa goutte et sa sciatique ; et si, dans le fond de son cœur, cette aimable beauté s'affligeait du grand âge de son époux, ce n'était pas pour elle, c'était uniquement pour lui. Mais, hélas ! un malheur affreux vint fondre sur la tête grise de Gangolfe, et lui ravir pour toujours le doux sens de la vue. Il ne pourra plus jamais se mirer dans les yeux de Rosette; jamais il ne reverra ce visage charmant dont un peintre aurait volontiers dérobé les traits pour embellir les anges et les madones. Ce pauvre aveugle! que ferait-il, s'il n'avait Rosette? si jour et nuit attachée à ses côtés, elle ne s'était fait un devoir facile de lui prêter et son bras et ses yeux, de lui faire la lecture, d'écrire sous sa dictée, de prévenir ses moindres désirs, de frotter, avec sa main douce et légère, quand la goutte le tourmentait, ses genoux et ses pieds? Rosette, toujours complaisante, compatissante, remplit, sans efforts, les devoirs de son état, et sans murmurer ces fonctions pénibles. Elle est, sans cesse, attentive à ce que son vieillard n'ait aucun sujet de plainte; et cependant son cœur est par fois, mais en secret, soulevé par la violence de sa toux. Malgré tant de généreux soins, le malheur voulut que le plus fâcheux de tous les caprices vint assiéger Gangolfe dans son fauteuil de malade.

» L'ennemi le plus cruel qui s'échappe des enfers pour venir se jouer des mortels infortunés, s'empara de son esprit et y jeta la désolation. Vieux, faible, aveugle, comment peut-il se dissimuler que Rosette, quoiqu'elle ressemble à un ange, n'est cependant qu'une femme? Manquera-t-elle de séducteurs? le monde est environné d'yeux toujours ouverts, et les siens, hélas! qui, seuls, peuvent éclairer sa conduite, sont fermés pour jamais! Si jeune! si belle! et formée d'élémens inflammables, qui pourra la voir et ne pas brûler d'amour? Vit-on jamais un teint plus brillant, des yeux plus vifs, des bras plus blancs et mieux arrondis? Elle est vertueuse, il est vrai; elle

G

fuira sans doute ; mais si, dans sa fuite, elle vient à glisser, sera-ce un prodige ? Le terrain sur lequel elle fuit est un acier poli, et celle, hélas ! qui tombe une fois, tombe pour ne plus se relever ; ses vertus mêmes, ses manières douces et prévenantes, son caractère enjoué, toujours bon, toujours égal, et qui, jusqu'alors, la lui avaient rendue si chère, cette aimable pudeur avec laquelle elle l'embrassait, ces attraits enchanteurs qui se retracent à son imagination, ne font qu'accroître ses soupçons, et déchirer de plus en plus son cœur déjà blessé.

» L'esclavage dans lequel, depuis ce moment, languit cette jeune et bonne Rosette, devient intolérable : sans cesse attachée auprès de son époux infirme, elle n'ose le quitter ni le jour ni la nuit. Le moindre mot prononcé à voix basse excite en lui la défiance ou l'effroi ; il porte ses yeux au bout de ses doigts; et durant la nuit entière, ses débiles mains se promènent de tous côtés, tant il craint qu'elle ne lui échappe. Cette conduite, qu'il appelle de l'amour, offense la douce Rosette; ah ! elle voit trop bien le mal qui le tourmente ! Mais, au lieu d'exhaler d'inutiles plaintes, elle se met à réfléchir. Être auprès d'un homme de soixante-dix ans, accablé de goutte et de gravelle, parcourir si péniblement le sentier de la vie, et de plus, être sans cesse en butte à son humeur jalouse, lui semble le plus dur des exils : elle voit maintenant et ne peut supporter mille désagrémens qu'elle n'avait pas senti jusqu'alors. Les marques de tendresse de son époux la désolent: son badinage l'excède, ses froids baisers la révoltent ; ose-t-il plus encore, il y a de quoi en mourir! quelle cruauté! être jeune et belle pour un vieillard à qui ses charmes sont inutiles! et quels sont ses dédommagemens? Les plaisirs de la ville, la danse, les spectacles, lui sont interdits : son vieux château n'est jamais visité par personne; on l'évite avec autant de soin que s'il était habité par des esprits. Un grand jardin, entouré de murs élevés, est sa seule promenade : elle n'a, pour rêver, qu'un arbre, au pied duquel elle s'asseoit, et son vieil aveugle est sans cesse à ses côtés.

» Un jeune et noble page, élevé dans le château de Gangolfe, et chargé du soin de son écurie, lui paraît, pour la première fois, mériter quelque attention. Depuis long-tems, à la vérité, il avait osé jeter sur la dame des regards languissans, et cherché souvent les moyens de lui faire l'aveu de ses sentimens secrets. Mais Rosette ayant toujours évité soigneusement les occasions, le jeune homme s'était retiré saisi d'une crainte respectueuse. Maintenant que le chagrin et l'ennui l'assiegent le jour, et plus encore la nuit, il lui faut des distractions. Elle devient moins réservée : il lui semble dur de se priver, dans ses plus beaux jours, de toutes les consolations de la vie. Gaultier reprend courage, et ne cesse de s'offrir pour consolateur. Il supplie, elle résiste d'abord; mais, insensiblement, il s'établit entre eux une intelligence dont les yeux seuls sont les médiateurs; car Gangolfe n'était rien moins que sourd, et, souvent, une oreille sert plus que ne feraient cent yeux : celles du vieillard sont aux aguets dès qu'il entend seulement le froissement d'un pli de la robe de Rosette.

» La contrainte abrège tout le vain cérémonial de la résistance, et bientôt les deux amans n'ont plus besoin que d'aviser aux moyens de se rapprocher. Sans cesse surveillée par son dragon, auquel sa toux ne laisse de repos ni jour ni nuit, qu'imaginera Rosette pour favoriser les desseins de Gaultier? La nécessité aiguise l'esprit : le sien lui présente mille projets qu'elle adopte et rejette aussi-tôt; dans le meilleur, elle entrevoit des difficultés sans nombre. Comme elle y rêvait en se promenant, un poirier s'offre tout-à-coup à sa vue : ses branches épaisses sont disposées en échelons : il est situé sur les bords d'une fontaine de marbre qu'environne une haie de myrte, et près d'un banc de gazon, sur lequel il répand son ombre bienfesante. C'est dans cet agréable lieu où de légers zéphirs agitent doucement les verds rameaux que, durant les chaleurs de l'été, quand tout, dans la nature, et languit et se dessèche, le vieillard a coutume de se rendre avec sa jeune épouse : il y repose une heure ou deux sur son sein. Lui seul cependant a la clef du jardin. Comment se procurer cette clef, qu'il porte sans cesse à sa ceinture ? On l'enlève subtilement au moment où il va se coucher, et, pendant qu'il récite ses prières, la cire en reçoit l'empreinte, que, le lendemain matin, on glisse adroitement dans la main du page, avec un billet qui lui recommande l'arbre. Quant au reste, rapportez-vous en à Gaultier. Eh bien ! qu'arriva-t-il? On était à la fin d'août : le jour était si pur et si chaud que, ranimé par le Soleil, notre vieil aveugle se sent le désir d'aller faire sa méridienne dans le bosquet de myrte. Viens, ma poulette, dit à son autre lui-même ce vieux tourtereau, viens, ma Rosette, conduis-moi dans ce lieu tranquille où, depuis notre union, le dieu d'hymen nous a surpris tant de fois. Rosette fait un signe, et Gauthier la précède. La porte est ouverte et refermée sans bruit : en deux bonds, le page arrive à la fontaine ; il a bientôt grimpé sur l'arbre, et le voilà placé sur la branche la plus épaisse et la plus touffue ; c'est celle qui doit servir de trône à Rosette. Appuyé sur le bras de sa femme, le bon-homme s'avance d'un pas lent et incertain.

» De tant de choses qui manquaient à-la-fois à Gangolfe, la langue était à-peu-près la seule dont il put encore faire usage. Aussi, pour passer le tems, il entretient Rosette de son amour et des joies célestes que procure l'état de mariage. En lui parlant de ses charmes, (pour la séduire, sans doute) il mêlait à ses discours beaucoup de poésie; mais il avait soin aussi d'y coudre quelques passages de sermons. Enfin ils arrivent à la fontaine, où le poirier d'amour étale ses verds rameaux. Là Gangolfe, après avoir caressé les joues de sa Rosette et répété mille tendres propos, qu'in-terrompaient par fois de violentes quintes de toux, recommence un sermon qui, en présence du poirier, ne pouvait produire qu'un fort mauvais effet. Assis à l'ombre auprès de son épouse, la tête appuyée sur son sein, et promenant sans cesse sa main sur ses beaux bras, il lui disait: Est-il rien de comparable à l'innocence de nos goûts, à ce repos, à ce bonheur doux et tranquille devant lesquels s'évanouissent tous les plaisirs mondains, à la douceur d'être aimée et de sentir qu'on est digne de l'être : en un mot, est-il sur la terre une félicité semblable à la tienne, si tu m'aimes ? Parles, oh ! parles, ma bien-aimée ! — En cet endroit, le vieillard redoubla ses caresses. — Mais parles avec franchise; (car il est un être là haut qui nous entend et qu'on ne peut tromper) ton pauvre époux aveugle, qui t'aimes si tendrement, ton Gangolfe peut-il se flatter d'être aimé de même, d'être tout pour toi, et de remplir ton cœur comme tu remplis le sien? Si cependant nous en croyons les anciens, un homme aurait grand tort de livrer son cœur tout entier à une femme, et de trop compter sur sa fidélité. Il y a long-tems que du fond d'un tonneau et du haut d'un trône, ce fou de Diogène et le sage Salomon ont dit que le cœur d'une femme n'est pas un bien solide : suivant eux, on ne peut comparer leur légèreté qu'à leur dissimulation. Sans parler des histoires de notre tems, ne voyons-nous pas la sainte Bible traiter de chimère la fidélité des femmes? C'est à la première de toutes que le genre humain doit la malédiction du Seigneur. Le pieux Loth fut trompé par ses filles ; et, bien avant le déluge, nous voyons les enfans de Dieu même se perdre par la faute des femmes, en donnant un libre cours à leurs passions coupables. Laissons-là Dalila, Jael, Jézabel, Bethzabé, et mille autres, dont les noms m'échappent, quoique l'écriture ne les loue pas de leur fidélité; mais cette Judith, qui reçoit dans ses bras ce pieux, ce vaillant général Holopherne, qui l'enivre d'amour et l'assassine. Peut-on entendre ce récit sans en être touché jusqu'aux larmes? Cependant, le nombre des femmes coupables serait plus grand encore que je n'en aurais pas moins de confiance en toi, le choix de mon cœur, la consolation de ma vieillesse et la lumière de mes yeux! Qui, tu seras toujours fidelle à tes devoirs, et Gangolfe n'a rien à craindre d'une épouse qu'il aime si tendrement.

» Ces paroles troublent la conscience de Rosette: elle retire avec dépit le beau bras dont elle entourait la ceinture du vieillard, et lui dit d'un ton animé : A quel propos ce sermon? quand l'ai-je mérité? Croirai-je, hélas ! que ton cœur doute un seul instant de ma fidélité? Malheureuse que je suis ! et voilà la récompense de mon amour! Parles! à qui me suis-je donnée? qui a reçu le premier baiser de l'innocence, les premiers soupirs de ma jeunesse? ah! mon crime est d'être trop tendre et trop sensible ! Un cœur qui n'a jamais battu que pour lui, excite maintenant ses soupçons ! Homme orgueilleux ! n'estu pas content de ta victoire ? me faut-il être encore l'objet de tes persécutions ?

» Après ces mots, elle s'arrêta comme si sa voix était étouffée par la violence de sa douleur. Le vieillard sanglottant se jette au cou de cette femme fidelle, et la serrant sur son cœur : ne pleures pas, ma bien-aimée, lui dit-il, et pardonnes une faute dont l'amour seul m'a rendu coupable. Je ne voulais pas t'affliger : qu'un baiser soit le gage de mon pardon. Non ! je ne doute point de la fidélité de ma Rosette. Ah ! c'est ainsi que vous êtes tous faits, vous autres hommes, dit-elle en se dérobant faiblement à ses embrassemens : vous nous attirez dans le piége par des propos flatteurs, et dès que vous nous possédez, une jouissance tranquille, loin d'adoucir votre humeur, la rend chagrine et farouche. Malheur aux pauvres femmes, d'être obligées de contenter tous vos désirs! La flamme que vous allumez avec tant de soins, finit par exciter en vous des soupçons qui vous rongent en secret.

» Le bonhomme, que sa sciatique vient surprendre fort mal-à-propos, se hâte de donner à cette femme si vertueuse de nouvelles assurances de sa tendresse; il lui jure de bannir jusqu'à l'ombre même d'un soupçon. La paix ainsi conclue, un doux baiser la scelle.

» Le plus profond silence règne bientôt entre nos deux époux. Mais Rosette soupire; le vieillard en demande la cause. Ce n'est rien, dit-elle en soupirant encore; puis elle se tait: il la presse. Sois sans inquiétude, mon cher: c'est une envie, elle passera peut-être..... — Que dis-tu là, une envie? tu vas combler de joie mes vieux ans!..... — Elle se tait encore et soupire de plus belle. Oh! plût au ciel, reprit Gangolfe transporté; mais parle, ne vas pas te contraindre; il y aurait du danger et pour toi et pour l'être que tu recèles dans ton sein. Ah! dit Rosette, si tu voyais ce beau poirier! que son feuillage est verd! comme il est chargé de fruits! ses branches plient sous le poids. Je n'osais rien dire, dans la crainte de te fâcher; mais..... je donnerais un de mes yeux pour une de ces poires!...... Ho, je connais bien cet arbre, reprit le bon aveugle; c'est de tout le canton celui qui porte le meilleur fruit. Mais que faire? nous n'avons pas une ame à portée de nous; c'est le tems de la moisson, et les gens de la ferme sont dispersés dans les champs. L'arbre est élevé; je suis aveugle et faible: si ce drôle de Gaultier

CHANT SIXIEME.

était ici seulement!..... Il me vient une idée, mon ange, dit-elle, et nous n'aurons besoin de personne que de nous. Si tu étais assez bon pour appuyer ton dos rien qu'un moment contre cet arbre, il me serait facile, à l'aide de ce banc de gazon, de m'élancer sur tes épaules ; delà à la première branche, à peine y a-t-il loin comme deux fois ma main, et dès mon enfance je me suis exercé à grimper et à sauter....! ho, je suis sûre que cela réussira. De tout mon cœur, mon enfant, répond Gangolfe ; mais s'il t'arrive malheur ? si une branche vient à se rompre, comment pourrai-je te secourir ? Malheureux que je suis! si tu voulais attendre ? — Eh! n'ai-je pas dit que je ne pouvais attendre ? Mais, je le vois, tu as honte de me rendre ce petit service, et, pour rien au monde, je ne voudrais te contrarier..... Cependant..... personne ne nous voit, nous sommes seuls.

» Que faire dans cette conjoncture ? Se refuser à cette fantaisie, pouvait compromettre la vie d'un héritier. Enfin, moitié tendresse et moitié violence, Gangolfe se rendit. Il s'appuie contre l'arbre, aide lui-même sa femme, et du sommet de la tête complaisante de ce vieux fou, Rosette s'élance lestement vers son siege aérien où l'attendent des plaisirs clandestins.

» Pendant que cela se passait, Oberon et Titania, la reine des Fées, étaient assis par hasard sur un banc de gazon présqu'en face du bon Gangolfe et s'y reposaient durant la chaleur du midi. Les génies de leur suite, semblables aux zéphirs légers, dispersés dans le jardin et les bosquets se livraient aux douceurs du sommeil, en attendant le lever de la Lune. Invisibles à tous les yeux Oberon et Titania entendirent l'entretien des deux époux et furent témoins de la scène du Poirier. Elle déplut beaucoup au Roi des Génies. C'est en ce moment, dit-il à la Reine, que l'on sent bien la vérité de cet axiome. Il n'est rien de méchant que pour se satisfaire une femme n'ait la hardiesse de tenter. Oui Salomon, ta bouche a dit vrai. On trouvera toujours un homme probe, mais pour rencontrer une femme honnête et sage on fera vainement le tour du monde. Titania, tu vois dans ce poirier cette femme infidèle qui se moque de son époux aveugle! grace à la nuit qui couvre ses yeux, elle se croit autant en sûreté que dans les gouffres sombres de l'empire de Pluton ; mais j'en jure par mon trône, par cette baguette de lys, et par ce pouvoir redoutable qui m'a confié le sceptre et l'empire des Génies, ni sa ruse, ni l'aveuglement de son mari ne lui seront d'aucun secours : non une telle perfidie ne sera pas commise impunément à la face d'Oberon. Je veux dissiper le nuage qui couvre les yeux de Gangolfe, et que ses regards confondent la coupable.

» Quoi sérieusement, c'est là ton dessein ? dit la Reine des Fées d'un ton animé et le visage en feu. Eh bien serment pour serment, je jure, moi la Souveraine des Génies et ton épouse, que Rosette ne manquera ni de défaites ni d'excuses. Eh quoi Gangolfe n'a-t-il rien à se reprocher ? Une liberté sans bornes sera-t-elle votre partage, et la patience le nôtre ?

» Cependant, sans s'inquiéter de sa colère, Oberon remplit son serment. Touchés par le sceptre de lys, les yeux de Gangolfe s'ouvrent à la lumière. Surpris et transporté de joie, il regarde tout autour de lui, il voit et secoue la tête comme s'il était assailli par un essaim de guêpes, il voit.... En croira-t-il ses yeux? Il voit sa fidèle Rosette dans les bras d'un homme! non, il n'a pas bien vu, le jour, dont il a long-temps été privé, l'éblouit sans doute; et la meilleure des femmes ne peut s'oublier ainsi! il regarde encore, et la même image vient déchirer son cœur. Hors de lui il s'écrie, ah perfide syrène, monstre infernal n'as-tu pas honte de violer à mes yeux et l'honneur et la foi que tu m'as promise?

» Troublée, frappée comme par la foudre, Rosette se retire, tandis qu'une main invisible couvre d'un voile magique son amant plus pâle que la mort. Quel prodige inattendu, se dit-elle, a si mal-à-propos dessillé la vue de ce vieillard incommode? — Mais la Reine des Génies l'a promis; pour la tirer d'embarras l'esprit vient à son secours. Qu'as-tu donc, cher époux, lui crie-t-elle du sommet de l'arbre? quel sujet t'irrite?.... Tu me le demandes, femme impudique? — Qui moi, malheureuse! voilà donc tes soupçons? Affligée de ton état et voyant l'inefficacité des secours de l'art, j'ai eu recours à la puissance de la magie; j'ai consenti à lutter avec un esprit revêtu d'une forme humaine; et voilà ma récompense! cruel! par amour pour toi, dans ce combat j'ai pensé perdre le bras que voici, et tu m'accuses quand tu me dois des remerciemens, et tu ne rougis pas de me tenir un tel langage? — Ha, s'écrie le vieillard, Job lui-même perdrait sa patience! quoi! ce que j'ai vu, tu l'appelles une lutte? Oh daigne le ciel me conserver cette vue que par un miracle sa main bienfesante vient de me rendre, et toi femme infidèle puisse-tu dans les enfers expier ton infâme action que ma bouche n'ose nommer. — Quoi, dit-elle, est-ce mon Gangolfe qui parle? Infortunée Rosette! ah, sans doute le charme est incomplet! non, tes yeux ne sont point encore tout-à-fait ouverts au jour, et ce que tu vois n'est qu'une lueur incertaine; autrement tu n'accablerais pas ta fidèle épouse d'injures aussi cruelles. — Oh plût au ciel dit Gangolfe, que je fusse dans l'erreur. Heureux l'homme qui n'est la proie que d'un simple soupçon! mais j'ai vu, oui j'ai vu.... Dieu tout puissant, fut-il jamais une femme plus à plaindre! (s'écrie la perfide en versant un torrent de larmes.) Comment pourrais-je survivre à ma douleur? mon pauvre mari a perdu l'esprit.

» Quel est en effet l'homme sensible qui ne le perdrait pas, en dépit de tous ses sens, en voyant d'aussi beaux yeux baignés de pleurs, un si beau sein gonflé par les soupirs? Le bon vieillard n'y peut résister plus long-tems, calme toi, cher enfant, lui dit-il, j'ai été trop vif, trop impétueux, pardonnes et descends dans les bras de ton Gangolfe; oui mes yeux m'ont trompé, je ne puis en douter!

» Hé bien tu l'entends, dit à Titania le Prince des Génies, ce qu'ont vu ses yeux, une larme suffit pour l'effacer! voilà ton ouvrage! triomphe maintenant; mais écoute le plus saint des sermens! je me croyais aimé, et j'y trouvais mon bonheur! je le vois, ce n'était qu'une vaine illusion! tu m'as désabusé, je t'en remercie ; ne te flatte pas de m'aveugler aussi par quelques larmes ; non, dès ce moment nous allons nous séparer, nous ne nous rencontrerons plus ni sur les ondes, ni dans les plaines de l'air, ni dans ces bocages où les rameaux fleuris distillent goutte à goutte leur beaume odorant. L'air dans lequel tu respires m'oppresse. Malheur à ce sexe perfide dont tu es ; malheur à ces lâches adorateurs qui traînent vos fers honteux! Je vous hais tous également. Que l'homme assez facile pour se laisser prendre dans vos filets, qui avale à longs traits ce poison dangereux que lancent vos regards, qui prend pour de l'amour la flamme qui brûle dans votre sein, qui obéit honteusement au moindre sourire de votre bouche, qui se fie à vos sermens, qui croit à vos larmes trompeuses ; que cet insensé soit la proie de tous les besoins et de tous les tourmens! oui je le jure par ce nom terrible aux Génies eux-mêmes, et mon serment est irrévocable, rien ne pourra me faire abjurer cette malédiction, jusqu'à ce que j'aie rencontré deux amans fidèles et choisis par le destin, unis par un chaste amour, également inébranlables dans les revers et les plaisirs, s'adorant toujours lors même qu'ils seraient séparés, et expiant par leur innocence le crime des infidèles. Je veux que ce couple aimable et pur sacrifie tout à l'Amour, qu'il y soit constant au milieu même des vagues irritées, qu'il résiste aux coups sévères de la destinée, qu'au trône il préfère ses sermens, au parjure la mort la plus cruelle....... C'est alors Titania que nous nous reverrons.

» Ainsi parla le Génie et il disparut. Vainement d'une voix touchante Titania rappelle dans ses bras cet époux fugitif! rien ne peut anéantir les paroles précipitées que dans son courroux il a prononcé, rien ne peut le dégager de son serment que la rencontre de deux amans tels qu'il les désire, rencontre qui semble impossible. Depuis ce tems Oberon a quitté sa véritable forme, et, s'il faut en croire la renommée, pour retraite il choisit tantôt une montagne, tantôt une épaisse forêt, ou bien un vallon solitaire; et son seul plaisir est de tourmenter les amans. Si sa conduite à votre égard a été différente, c'est un prodige «.

Ici le vieillard finit son récit. Huon, prenant la main d'Amanda : si pour assurer, dit-il, le repos d'Oberon et de Titania, il faut deux ames bien éprises et fidèles à l'amour, l'œuvre du destin sera bientôt accomplie. N'est-ce pas Oberon lui-même qui nous a si miraculeusement unis? lui, que l'on regarde comme ennemi de l'amour, nous a pris sous sa protection. Quant aux épreuves, qu'elles viennent, nous sommes prêts à les subir! Pour toute réponse, la belle Amanda saisit la main du jeune homme et la presse contre son cœur en le regardant avec des yeux qu'anime la tendresse. Ah! de quelles expressions pourrait se servir celle qui a tout fait, tout sacrifié pour lui? Bientôt suivit une scène de ravissement, scène muette, dans laquelle le bon Schérasmin, malgré sa vigilance à leur faire des signes, crut perdre, en un instant, tout le fruit de son beau récit. Le chaste voile de l'innocence, il est vrai, cachait encore à ces amans le danger qui les menaçait de moment en moment : plus la source de leur tendresse était pure, plus elle s'épanchait librement. Jamais on ne vit un jeune couple plus novice en amour : aussi leur destinée était-elle suspendue par un cheveu. Un seul instant d'oubli, et c'en est fait de leur bonheur.

CHANT SEPTIEME.

Arrivée à Lépante. Huon se sépare de Schérasmin. L'un s'embarque pour Rome et l'autre pour Marseille. Délire de Huon. Tempête horrible. Jugment en pleine mer. Beau dévouement d'Amanda. Les Amans atteignent une île déserte. Leur détresse. Grossesse d'Amanda.

Secondé par les vents et par une mer obéissante aux volontés d'Oberon, le beau couple aborde à Lépante, après sept jours d'une heureuse navigation. Dans ce port, ils trouvent deux bâtimens légers, prêts à mettre à la voile. L'un devait se rendre à Marseille, et l'autre attendait des passagers pour la ville de Naples. Le jeune guerrier, qu'incommode et la vigilance et les regards pénétrans du vieillard, saisit, avec empressement, cette occasion de l'éloigner; le destin la lui offre, et il en profite aussi-tôt. Ami, lui dit-il, bien des jours et des ans s'écouleront peut-être avant que mes pas se portent vers Paris. J'ai promis, tu le sais, de me rendre avant tout à Rome ; c'est un devoir indispensable ; mais il convient aussi que l'empereur soit informé que j'ai rempli mon serment. Comme mon vassal tu peux me remplacer, je te confie ce soin. Montes, sans différer, sur celui de ces vaisseaux qui doit cingler vers Marseille : delà vole promptement à la cour; et, pour me réconcilier avec le monarque, remets-lui cette cassette, qui renferme et la barbe et les dents du sultan : puis tu lui raconteras ce que tu as vu, et tu lui diras que, dès que j'aurai reçu la bénédiction du pontife, rien ne pourra désormais m'empêcher de conduire à ses pieds la fille du calife. Adieu, vieil et digne ami! Les vents sont favorables, on lève déjà les ancres; que le bonheur accompagne tes pas! Sitôt que ta mission sera remplie, reviens, et cherches-moi dans Rome et dans Latran. Qui sait? il n'est pas impossible peut-être que nous y arrivions ensemble.

Le fidèle vieillard, secouant sa tête grise, regarde le prince d'un œil pénétrant. Il ne prendrait que trop volontiers la liberté de gourmander vertement son jeune maître pour la ruse qu'il emploie; cependant, il se tait : il se dit bien en lui-même que la cassette pourrait attendre, sans inconvénient, que Huon allât en personne en faire hommage à l'empereur; mais puisque son prince, son ami, le désire vivement, qu'a-t-il de mieux à faire que de prendre congé et de se préparer à partir? Il baise la main d'Amanda : les larmes aux yeux, il embrasse le digne fils de Sigevin, à peine encore réjoui par sa présence, mais dont l'ame est en ce moment émue : ses pleurs coulent le long de la barbe grise du vieillard, qui s'écrie : Seigneur, mon cher maître, Dieu daigne vous protéger et permettre que je vous revoie bientôt aussi heureux que je le désire!

Le cœur bat au chevalier alors qu'il voit entre son ami et lui s'étendre toujours de plus en plus l'immensité des mers. Qu'ai-je fait, dit-il, où vient de m'entraîner ma jeunesse impétueuse? Quel sujet se conduisit jamais aussi dignement avec son souverain? avec quelle fidélité il s'attachait à mes pas dans les dangers! ô regrets trop tardifs! qui m'aidera maintenant de ses conseils? qui me préservera de moi-même à l'avenir? C'est ainsi qu'il gémit en secret, et il se promet et il jure au génie, dont il croit sentir autour de lui l'influence magique, de soutenir avec honneur le combat qui va s'engager entre son amour et son devoir. Dès ce moment, il a soin de se tenir loin d'Amanda. La nuit, il la passe à considérer fixement l'étoile polaire ; le jour, il promène au loin ses regards mélancoliques sur la vaste mer. Amanda, qui voit ce changement soudain, en est d'autant plus alarmée, qu'elle en ignore la cause. Blessée plus par tendresse que par orgueil, elle oppose à son indifférence la douceur et la patience. Cependant, d'heure en heure le mal augmente ; pour eux il n'est plus de repos ni le jour ni la nuit.

Un soir, à l'instant que l'ourse brillante se plonge dans le sein de Thétis, le bruit qui regnait dans le vaisseau fait tout-à-coup place au silence. La mer est à peine aussi agitée qu'une prairie sur laquelle le zéphyr se joue. Les matelots sont tous ensevelis dans un profond sommeil; ils y cuvent en paix le vin dont ils se sont enivrés. Le vigilant pilote, le gouvernail en main, est prêt à succomber lui-même. Fatmé est assoupie aux pieds de sa princesse. Le sommeil vous fuit seuls, aimable Huon, divine Amanda! Leurs ames s'abreuvent du doux poison de l'amour : ah! quel ravage il porte dans leur sang! et cependant ils ne sont séparés que par une mince cloison ; ils se touchent presque ; pas un seul de leurs soupirs n'est perdu pour eux ! Le chevalier, pour qui cette éternelle contrainte est un supplice, dont le cœur est déchiré par les larmes que sa cruauté fait verser

CHANT SEPTIEME.

à sa chère Amanda, soupire avec tant de violence et si haut, qu'on dirait qu'il touche à son heure dernière. Sa maîtresse qui, depuis une heure, luttait contre l'amour et la pudeur, ne peut se refuser plus long-tems la consolation d'épier la cause de son tourment et de lui offrir ses secours. Vêtue d'une robe blanche et semblable au plus beau des anges, elle entre dans sa chambre. Dans ses yeux pudiques regne la tendre compassion : d'un air timide elle lui tend les bras. Huon, à cet aspect, croit voir les cieux ouverts ; son visage, n'aguère si pâle et si flétri, devient d'un rouge de feu : son pouls, jusqu'alors si faible et si paresseux, bat maintenant à coups redoublés ; mais le souvenir des paroles d'Oberon vient encore l'accabler au moment qu'enhardi par sa beauté, il allait la presser contre son cœur. Tout-à-coup, il se dérobe à ses embrassemens, s'arrache de son sein, veut fuir, s'arrête, revient, se précipite soudain dans ses bras, puis s'échappe encore. Ses yeux roulent, dans leur orbite, d'une manière effrayante ; on dirait qu'il médite aux moyens de terminer promptement le tourment qu'il endure.

Le cœur gonflé de soupirs, Amanda tombe sur un siege : de ses yeux affaissés et languissans d'amour, des larmes coulent en abondance sur ses vêtemens légers. Huon le voit, et son mâle courage succombe. Tout terrible qu'est le malheur qui le menace, hors de lui il la prend dans ses bras ; ses lèvres brûlantes savourent à longs traits ce doux poison qui l'enivre, et son cœur, affranchi des liens de la contrainte, s'abandonne au torrent. Amanda même, maîtrisée par l'amour, n'oppose nulle résistance, et, dans son délire, se livre, sans l'ombre d'un pressentiment, aux caresses de son amant. Elle le presse sur son cœur, est pressée sur le sien. La bouche insatiable du guerrier cueille cent fois sur ses lèvres un oubli voluptueux : ses désirs deviennent plus audacieux ; hélas ! c'est l'amour et non l'hymen qui couronne leur union !

Soudain le ciel s'obscurcit, l'éclat des étoiles disparaît. Heureux mortels ! ils ne s'en apperçoivent pas. On entend mugir, dans le lointain, la cohorte impétueuse des vents déchaînés aux ailes chargées de tempêtes... ils sont sourds à ce bruit effroyable. Obéron, enveloppé d'un sombre courroux, passe devant eux, ils ne le voient pas. Le tonnerre, pour la troisième fois, roule sa voix menaçante, ils ne l'entendent pas. Cependant une tempête, comme on n'en vit jamais, éclate de tous côtés, avec un fracas épouvantable ; l'axe du monde en est ébranlé : du sein des sombres nuages jaillissent des torrens de feu, la mer mugit, les flots couverts d'écume, se soulèvent jusqu'aux cieux ; le navire ne suit plus qu'une route incertaine : vainement le pilote veut commander aux matelots assourdis par la tempête ; dans tout l'équipage on ne distingue que ces cris : malheur ! malheur à nous ! c'en est fait de nous ! La rage des vents indomptés, l'horison devenu un gouffre de feu, les craquemens répétés du vaisseau qui, tour-à-tour, s'abîme au fond de la mer et s'élance sur la cime d'une vague qui, bientôt, se dissipe sous lui. Ce bruit terrible, fait pour réveiller les morts épouvantés, arrache enfin notre couple à son ivresse. Amanda se dégage des bras de son amant, et presque inanimée, elle s'écrie: Dieu! qu'avons-nous fait! Le coupable reconnaît sa faute; il implore la pitié, le secours de son génie protecteur : il l'implore, du moins, pour sa chère Amanda, mais en vain; Oberon est maintenant le vengeur du crime; Oberon est inébranlable dans ses arrêts. Déjà le cor et la coupe, ces gages de sa faveur, ont disparu : il entend, mais il ne sauve pas.

Cependant, le capitaine convoque l'équipage, et lui parle en ces termes : » Amis, vous voyez le danger qui nous environne. De moment en moment, les flots, les vents, les flammes, menacent notre vaisseau de sa ruine : jamais je ne vis pareille tempête! Le ciel semble nous condamner tous au trépas, et pour le crime d'un seul, peut-être; peut-être, pour le crime d'un audacieux frappé de malédiction, et que cherche parmi nous la foudre du dieu vengeur! Demandons au ciel, par la voie du sort, quelle victime il exige : en est-il un seul parmi vous que ce moyen épouvante? Quand tous doivent périr, personne n'a plus rien à risquer «. Il dit, et la proposition est approuvée. L'aumônier apporte le calice, on y jette les billets : les assistans à genoux l'environnent; il fait sa prière à voix basse, puis il appelle chacun au sort. Plein d'un pressentiment secret, mais armé d'une résolution courageuse, Huon s'approche, jette le plus tendre des regards sur Amanda inquiète, décolorée, immobile. Il tire..... d'une main tremblante et glacée..... ô destinée! ô Oberon! il tire le billet fatal. La troupe l'observe en silence : il lit; pâlit, et, sans résistance, se soumet à la rigueur du sort. » Je reconnais ton ouvrage, Oberon, dit-il, oui, quoique ta vue me soit interdite, je sens ta présence, génie courroucé! malheur à moi, tu m'en avais prévenu, ton arrêt est juste! Je n'implore ta miséricorde que pour Amanda; elle est innocente! pardonnes-lui! N'accables que moi seul du poids de ta colère, et je saurai supporter mon infortune avec résignation!

» O vous! qui devrez votre salut à mon trépas, accordez du moins quelques pieuses larmes à un infortuné que poursuit le destin jaloux! Je ne meurs pas innocent, il est vrai; mais je vécus toujours avec honneur. Un moment, enivré du plus doux des poisons, j'oubliai une promesse faite trop légérement; j'oubliai des avis qui n'ont retenti que trop tard à mes oreilles troublées. Le lot commun de l'humanité, la faiblesse, voilà mon crime; j'en suis cruellement puni, mais je ne m'en plains pas; non, je ne puis me repentir d'un crime aussi doux! si c'en est un d'aimer, c'est au ciel à m'absoudre. Mon coeur mourant ne reconnaît maintenant aucun autre devoir. Ah! quel autre sentiment que celui de l'amour puis-je te consacrer, à toi qui, par amour, m'a tout sacrifié? Non, ces vagues, qui vont être mon tombeau, ne pourront éteindre ce feu sacré! il vivra sans cesse dans l'ombre de ton amant«! Disant ces mots, son ame s'exhalte: de sa main il couvre ses yeux et se tait. Les assistans gardent le silence; il n'est pas un coeur qui ne soit, en ce moment, touché de son infortune; mais ce n'est qu'une pitié passagère; c'est l'éclair qui se montre et disparaît soudain. Sa mort est le gage de leur sûreté, de leur vie à tous. Qui serait, disent-ils, assez téméraire pour résister au ciel et lui disputer sa victime?

La tempête qui, pendant que le chevalier prononçait lui-même l'arrêt de son trépas, paraissait appaisée, recommence avec une nouvelle fureur. Le mât se brise en éclats, le gouvernail est rompu. Que le coupable périsse ! crie tout d'une voix l'équipage. Le capitaine s'approche de Huon : » Jeune homme, lui dit-il, tu vois qu'aucun délai ne peut te sauver : puisqu'il faut mourir, meurs volontairement, et sauves-nous de notre perte « ! D'un pas ferme et résolu le paladin s'avance. Soudain Amanda, qui n'aguère paraissait inanimée, maintenant éperdue, se fait jour au travers de la foule : sa chevelure flotte dans la tempête comme la crinière d'un lion ; sa poitrine est élevée, ses yeux sont sans larmes : de ses bras auxquels l'amour, dans toute sa fureur, prête des forces, elle enveloppe son amant et l'entraîne avec elle dans les flots. Fatmé, la fidelle Fatmé, au désespoir, veut s'élancer et la suivre : on l'arrête. Elle voit ces amans si tendres, l'un à l'autre attachés, se serrer étroitement : elle les voit balottés par les flots, et ne luttant plus que faiblement contre eux. Mais bientôt elle les perd de vue, et le vaisseau retentit de ses cris douloureux. Qui pourra lui rendre sa chère Amanda : en la perdant elle est pour jamais privée de toutes ses espérances, de tout ce qu'elle aime au monde.

Cependant, ô prodige ! les vagues irritées ont à peine touché la tête du chevalier, la tempête s'appaise, le tonnerre se tait, et la cohorte des vents se dissipe. La mer, tout-à-l'heure soulevée jusqu'aux nues, s'affaisse, devient unie comme une glace, et sa surface n'est pas plus agitée qu'un parterre de lys.

Conduit par les rameurs, le vaisseau reprend gaiement sa route : deux jours encore, et l'équipage trouvera le repos dans un port sûr et tranquille.

Mais quel sort vous attend, couple aimable, amans infortunés, balottés sans espérance sur la vaste mer ? Leurs forces s'épuisent : la pensée, l'ouïe, la vue, tout les abandonne ; ils n'ont plus que le sentiment de leur amour. Ils nagent les bras entrelacés ; leurs corps ne font qu'un : ils ne se sentent plus eux-mêmes ; mais leurs lèvres sont jointes, et chacun ne respire que par la respiration de l'autre. Et tu peux, Oberon sans les plaindre, voir leur pâleur, leur destruction prochaine ! tu le vois, tu pleures, et tu ne te laisses pas attendrir ! Non : il détourne son visage et s'enfuit. — C'en est fait d'eux !..... — Calmez vos craintes : l'anneau les empêchera d'être engloutis sous les ondes : ils atteindront, sans accident, le prochain rivage, protégés par cet anneau magique qu'Amanda reçut de la main de son amant. Celui qui le possède, ce sceau puissant du grand Salomon, n'a rien à craindre des élémens. Il peut traverser impunément les flammes : est-il dans un cachot ? les serrures et les verroux tombent sitôt qu'il les touche. Veut-il de l'empire du trident être en un clin-d'œil transporté à Memphis ? l'anneau lui prête des ailes. Il n'est rien que celui qui possède ce talisman et en connaît la valeur ne puisse entreprendre et exécuter. Il peut, quand il lui plaît, faire changer de place à la Lune : il peut, dans un lieu public et par le jour le plus pur, s'envelopper, en un moment, d'un brouillard impénétrable aux yeux mêmes des génies. Veut-il faire comparaître devant

CHANT SEPTIEME.

lui un homme, un animal, une ombre, un génie même? il n'a besoin que de presser l'anneau, et l'être qu'il demande paraît aussi-tôt, et s'incline avec respect devant lui. Sur la terre, dans les airs, dans le sein des ondes et des flammes, tous les esprits sont soumis à sa puissance. Sa vue seule épouvante et apprivoise les monstres les plus farouches; l'ante-Christ même ne l'approche qu'en tremblant. Il n'est aucun pouvoir capable de l'arracher à celui qui ne l'a point ravi : sa toute-puissance le protège lui-même, ainsi que la main qui le possède légitimement.

Telle est, Amanda, la vertu de l'anneau qui te sauve, et l'homme que les doux liens de l'amour et la force de tes bras enchaînent sur ton sein. Vous ignorez tous les deux par quel prodige vous vous retrouvez sur le rivage d'une île. Le destin, il est vrai, ne vous a pas traités favorablement. Cette île n'offre que des ruines et des traces de volcans. L'œil, pour se reposer, ne trouve nulle part ni tendre feuillage ni vertes prairies. Ah! ce n'est point là ce qui, dans les premiers momens de leur ivresse, de leur joie tumultueuse, trouble leur félicité. Échapper si miraculeusement à la fureur des flots, aborder sains et saufs sur la terre ferme, être libres, seuls, et dans les bras l'un de l'autre, voilà le bonheur suprême! il fait disparaître à leurs yeux tous les objets qui les environnent; mais leur position les rappelle bientôt à eux-mêmes. Percés jusqu'aux os, comment pourront-ils se soustraire à l'urgente nécessité de quitter leurs vêtemens sur le rivage? Le Soleil est à son midi et la rive solitaire. Tandis que sa robe humide est étendue sur les rochers sauvages, que va faire Amanda pour échapper à ces rayons ardens qui brûlent et dessèchent sa peau de lys? Le sable et les cailloux inégaux déchirent ses pieds délicats, et pas un arbre, pas un buisson ne lui offrent un abri consolateur! Aux regards inquiets du jeune homme, une caverne se présente enfin : il y vole, sa chère Amanda dans ses bras. Il ramasse à la hâte quelques poignées de roseaux et de vieille mousse (tout sert dans le besoin), lui en fait un lit, et s'y jette auprès d'elle. Ils se regardent en soupirant, et cherchent dans les yeux l'un de l'autre des consolations contre la nécessité qui les presse en ce moment, et celle qui les menace dans l'avenir.

Amour! doux consolateur de tous les maux des mortels, toi qui enivre de félicité les ames bien unies, quels plaisirs sont comparables à ceux que tu dispenses? Voyez quel horrible changement dans la destinée de ces deux amans! quel passage subit de l'opulence à la misère! Naguère les favoris de la fortune, ils dérobent à peine maintenant leur vie à mille dangers, et leur sort est encore digne d'envie! Le sallon le plus éclatant et décoré de toute la pompe royale n'a point autant d'attraits pour Amanda que cette grotte sauvage. Pressé sur son sein, Huon se croit immortel, dans ses bras il se croit un dieu. Cette mousse, sur laquelle ils reposent, leur semble le lit le plus riche, et exhale, à leur gré, un parfum plus suave que celui du jasmin de la rose et du lys. Oh! pourquoi faut-il qu'elle cesse, cette douce illusion que leur cœur entretient avec tant de plaisir! Déjà, sans qu'ils s'en soient apperçus, deux heures sont écoulées, et la nature a besoin d'un autre aliment. Qui le leur présentera ? ce rivage est désert, inculte, et rien autour d'eux pour appaiser la faim ! Oberon, en courroux, leur a retiré sa main protectrice. La coupe même a disparu.

L'infatigable jeune homme grimpe sur toutes les roches environnantes : il promène au loin ses regards, et ses yeux ne rencontrent par-tout qu'un amas confus et effrayant de pierres, que des précipices. Il n'apperçoit ni verd gazon, ni prairies émaillées de fleurs; pas un seul arbre qui l'invite à cueillir ses fruits dorés ! Ce sol ingrat n'offre à la vue qu'un peu de bruyère, que des chardons et quelques mûres sauvages éparses çà et là sur les buissons. Dans son désespoir il se frappe la poitrine, il s'écrie : Me faudra-t-il retourner vers elle sans aucun secours ? elle pour qui seule je supporte encore la vie ! Moi, son unique soutien, moi dont le cœur ne bat que pour elle, et qui, cependant, me vois dans la douloureuse impuissance de prolonger son existence d'un seul jour ! Suis-je donc destiné à te voir périr à mes yeux ? ô prodige de la nature ! ô la plus aimable et la plus belle des femmes ! Toi plongée, pour moi seul, dans un tel excès de misère ! toi, qui a tout sacrifié pour moi ! toi que la nature et la fortune avaient comblée de tant de biens jusqu'au moment où le ciel en courroux te jeta dans mes bras ! il ne t'en reste pas assez maintenant pour appaiser ta faim ! Disant ces mots, il exhale sa douleur, son désespoir, sa rage, par des cris et des hurlemens. Puis il succombe et tombe dans un silence effrayant. Mais bientôt un rayon d'espoir pénètre dans son cœur : il secoue ce noir chagrin;

son courage renaît; il cherche avec un nouveau zèle, mais il cherche long-tems en vain. Déjà le Soleil est prêt à plonger son disque d'or dans le sein de l'océan, quand tout-à-coup, ô ravissement! le chevalier découvre le plus beau des fruits.

Ce fruit, à demi couvert par des herbes, à demi-éclairé par les derniers rayons du jour, lui paraît être un melon: il en a le large feuillage, le doux parfum, l'admirable beauté. Ah! comme il se croit amplement récompensé de ses peines! Il se hâte de s'en saisir, élève vers le ciel ses yeux où brille la joie la plus vive; et l'ivresse qu'éprouvent ses sens accélère sa course.

Cependant Amanda, depuis trois mortelles heures, est loin de celui qui, maintenant, lui tient lieu de tout. Elle est seule sur ces bords solitaires, où tout éveille ses craintes, où le moindre bruit l'effraie, où le silence même l'épouvante. Pour distraire un si long ennui, elle avait, de ses bras au travail inhabitués, porté, du rivage à la caverne, des roseaux, de la mousse et des herbes marines, pour en former un lit tel que le besoin l'apprête à l'amour. Faible comme elle est, cette peine nouvelle épuise ses forces; ses genoux se dérobent sous elle; elle tombe le gosier haletant, desséché. Dévorée par la faim cruelle et par une soif ardente, dans ces lieux sauvages où tout lui manque, que sa situation est douloureuse! où peut donc être son cher Huon? lui serait-il arrivé quelque malheur? une bête féroce peut-être!....., oh! c'en est assez pour lui ravir le peu de vie qui lui reste. Son imagination lui peint sous des couleurs terribles la plus effrayante des possibilités. Vainement sa raison s'arme contre sa crainte : le mugissement d'une vague suffit pour consterner son esprit frappé de l'idée du malheur. Cependant, malgré sa faiblesse, elle se traîne et parvient, non sans peine, sur la cime d'un rocher ; elle regarde de tous côtés, et le dernier rayon du jour lui fait entrevoir son amant : c'est lui ! il revient ! Huon l'apperçoit les bras tendus vers lui, et de loin il lui montre le beau fruit doré. Non : il n'était pas plus beau, ce fruit qui, dans l'enfance du monde au jardin d'Eden, séduisit la première femme. Il l'élève en triomphe ; il expose au Soleil couchant son écorce lisse et d'un rouge de feu. Amanda en croit à peine ses yeux rayonnans de joie.

Le ciel est donc touché de nos besoins, s'écrie-t-elle, et une larme mouille sa paupière : elle n'est pas encore tombée, et Huon est déjà dans ses bras. Appuyée sur son sein, Amanda, presque inanimée, d'une voix faible, prie son sauveur de se hâter. Ils s'asseoient, et le chevalier coupe le fruit avec son épée.

Ici, mes amis, la plume échappe à ma main tremblante. Trop sévère génie, as-tu bien le courage, dans l'état de détresse où ils sont, de te moquer encore de leurs besoins, de tromper leur espoir ? Ce fruit si beau était entièrement pourri et amer comme du fiel ! Les deux amans abusés se regardent ; le désespoir est peint sur leurs visages, plus pâles que celui d'un mourant : leurs yeux sont ouverts et fixes. On dirait qu'ils ont été frappés de la foudre par un jour serein. Un torrent de larmes s'échappe, avec violence, des yeux de Huon : ce sont de ces larmes terribles que le désespoir fait couler, et qui sont suivies de toutes les convulsions de la fureur. Amanda, toujours douce et patiente, mais dont cependant le courage est abattu, les regards éteints, les joues flétries, les lèvres desséchées, lui dit : laisses-moi, ah! laisses-moi mourir : il m'est bien doux de mourir sur ton cœur! Rendons grace au vengeur, tout sévère qu'il est, de m'avoir, dans son courroux, laissé du moins cette consolation. Disant ces mots d'une voix faible et éteinte, elle tombe sur son sein. C'est ainsi que, durant l'orage, se penche la tête du lys. Huon, éperdu d'amour et de douleur, s'agite et se tourmente : il serre dans ses bras cette femme si chère, et la transporte dans la caverne. Ah! juste Dieu! une seule goutte d'eau! s'écrie-t-il d'un ton moitié impatient et moitié suppliant. Je suis le seul coupable ; que ta colère ne tombe que sur moi! que ces lieux sauvages soient, si tu le veux, mon tombeau, mais épargnes-la! Guides vers une source mes pas incertains! je ne te demande qu'un peu d'eau pour ranimer sa vie défaillante.

Il part de nouveau : il jure de s'ensevelir dans ces rochers, d'y périr dévoré par la soif et la faim, plutôt que de revenir à la caverne sans quelques faibles secours. Celui, dit-il en pleurant, qui, d'une oreille compatissante, écoute les cris que poussent vers lui, dans leurs besoins, les petits des oiseaux, ne peut haïr la plus belle de ses œuvres, sa propre image. Non, sans doute, il ne te laissera pas périr d'inanition! A peine il a parlé qu'il croit entendre le murmure d'une source : il écoute, le murmure continue. Ivre de joie, il remercie le ciel, et cherche autour de lui.

Guidé par la faible lueur du crépuscule, il découvre bientôt la place où elle est située. De son eau si désirée, il remplit une coquille, retourne promptement sur ses pas, et ranime son épouse prête à périr. Mais pour jouir plus à l'aise de ce secours inattendu, il la porte près de la source. Ce n'est que de l'eau, mais elle suffit pour la rappeler à la vie : le vin n'est pas plus fortifiant, le lait n'est pas plus doux. Cette eau a la propriété tout-à-la-fois de nourrir et de désaltérer, et d'ensevelir toutes les peines dans l'oubli. Réjouis, ranimés et pleins d'une pieuse confiance, ils adressent le tribut de leur reconnaissance à celui qui vient, pour la seconde fois, de les arracher à la mort. Assis sur la mousse fraîche, près de cette onde salutaire, ils s'embrassent, et le doux consolateur des maux des humains vient les surprendre au milieu de leurs caresses. Leurs membres fatigués succombent, et les deux amans reposent dans les bras du sommeil.

L'aurore éclaire à peine le front du chevalier, il vole de nouveau à la découverte; il franchit, d'un saut hardi, de larges ouvertures formées par des roches fracassées; il observe les moindres places; il a soin sur-tout de ne pas perdre la trace du chemin qui doit le ramener vers Amanda; mais il voit, avec douleur, que cette île est entièrement dépourvue d'hommes et d'animaux. Cependant, au sud-est de la caverne, un sentier tortueux le mène à une petite baie, et dans un bosquet couronné par une chaîne de rochers. Là son œil découvre un palmier chargé de dattes mûres. Il grimpe légèrement sur l'arbre, cueille ce doux fruit, en remplit ses poches, descend et vole comme s'il voulait attraper un chevreuil à la course, pour surprendre à son réveil la femme chérie qui, seule, absorbe toutes ses pensées. Il la trouve dormant encore d'un paisible sommeil. Sur ses joues brille la rose dans tout son éclat, et son vêtement léger cache à peine une partie de son sein.

Ravi par ce doux spectacle, jouissance si pure pour un cœur amoureux! Huon s'arrête. Penché vers elle, il considère, avec des regards pleins de tendresse, cette figure angélique qui lui offre sans cesse de nouveaux attraits. La voilà celle qui, par amour pour lui, a dédaigné la fortune, la fortune! à qui les mortels sacrifient ce qu'ils ont de plus cher. L'amour, dit-il, t'a flattée de l'espoir d'un trône : quel trône, grand Dieu! toi qui fus élevée dans la pompe et la molesse asiatique, tu n'as maintenant pour lit qu'un dur rocher couvert de mousse; pour baldaquin, que la voûte des cieux : tu es sans abri contre l'inclémence des airs, sans secours contre toute espèce d'accidens; heureuse encore, dans ces lieux où le chardon croît à peine, d'appaiser ta faim avec quelques fruits sauvages! Et moi, que le sévère destin a condamné à attacher mon malheur à tout ce qui m'approche, au lieu de te protéger, je t'ai précipitée dans cet abîme de misère! Voilà comme je reconnais tout ce que tu as fait et hasardé pour moi! Infortuné que je suis! il ne te reste plus que moi dans le monde; et que puis-je, grand Dieu! que fera pour toi l'homme à qui, maintenant, il ne reste rien de plus que la vie?

Ces plaintes touchantes qu'involontairement il

CHANT SEPTIEME.

exhale à voix haute, arrachent au sommeil son épouse adorée. Le premier objet qu'elle apperçoit, c'est Huon qui, avec des regards où la joie et l'amour cachent à peine un chagrin profond, jette dans son sein les fruits du palmier. Ce chétif repas, où ils n'ont pour breuvage que l'eau miraculeuse... l'amour le change en festin des dieux ; oui, sans doute, en festin des dieux ! la tête d'Amanda ne repose-t-elle pas sur le sein de son amant ? n'est-ce pas lui qui a cueilli ces fruits si doux ? pour les lui procurer, ne s'est-il pas dérobé au sommeil, introduit dans mainte et mainte caverne ? C'est ainsi que l'amour lui tient compte de toutes ses démarches ; et ce qu'elle a fait pour lui, à peine elle s'en souvient : pour dissiper les nuages qui obscurcissent le front de son amant, ses beaux yeux brillent de la joie la plus pure. Touché d'un tel excès d'amour, de tendresse, de générosité, baigné de larmes et les joues brûlantes, il se précipite dans ses bras. Oh ! s'écrie-t-il, comment échapperais-je au désespoir ? comment ne pas me haïr moi-même ? pourquoi ne maudirais-je pas les étoiles qui éclairèrent la nuit où je reçus l'être, le jour où je jetai les premiers cris dans les bras maternels ? ô la meilleure des femmes ! combien il m'est douloureux de te voir précipitée, par ma faute, du faîte du bonheur, du bonheur qui te souriait à Bagdad, du bonheur dont je t'avais flattée dans les états de mes pères ! te voir réduite à cet excès de misère ! et te le voir encore supporter sans te plaindre ! ah ! c'en est trop, mes forces n'y peuvent suffire !

Amanda jette sur lui un regard enchanteur : ce

regard en dit plus que son sein n'en peut contenir.
Huon, dit-elle, que ta bouche chérie ne profère
plus des paroles que mon cœur déteste. N'adresses
pas même des plaintes à celui qui nous opprime pour
nous éprouver et pour nous punir : il n'éprouve que
ceux qu'il aime, et il aime en père. Tous les événemens qui ont suivi cet heureux rêve, berceau de
notre amour, n'en sont-ils pas la preuve? Donnes,
si tu le veux, le nom de Providence, de Destin,
d'Oberon, à celui qui nous enflamma l'un pour l'autre : un prodige nous a réunis, et c'est assez pour
moi. Cette union et notre vie ne sont-elles pas autant de prodiges? qui nous a conduits sains et saufs
hors des murs de Bagdad? qui nous a garantis des
flots prêts à nous engloutir? Échappés presque
mourans à leur fureur, quelle autre puissance que
celle qui nous protège nous a secourus jusqu'à ce
jour? n'est-ce pas à ses bontés que nous devons cette
eau miraculeuse qui, dans cette nuit cruelle, a rappelé chez moi la vie fugitive? ce repas qui, dans ce
moment, soutient notre faible existence, nous le
devons, sans doute, à une main bienfesante et cachée ; à quoi bon tous ces secours, si notre perte
était résolue? Oui, mon cœur me le dit, et je le
crois, et je le sens, la main qui nous a soutenus dans
cet abîme, n'a pas dessein de nous laisser en proie à
la misère : et quand même cet espoir viendrait à
nous manquer, croyons fermement, du moins,
qu'un seul moment suffit pour réparer tous nos
maux. Mettons les choses au pire : supposons que
cette main qui nous a protégés jusqu'à ce jour se
retire tout-à-fait, que les années se succèdent sans

secours, que la tendre et fidelle Amanda trouve son tombeau sur ces bords solitaires, eh bien! loin de moi le repentir de ce que j'ai fait! et si j'avais encore à choisir, je préférerais, sans balancer, la misère avec toi. Il ne m'en coûte rien de m'être séparée de tout ce que je possédais : mon cœur et ton amour ont tout remplacé ; et si tu me restes, mon bonheur sera si grand que je serai toujours insensible à ces plaisirs que procurent la pourpre et les trésors. Tes souffrances sont les seules souffrances d'Amanda. Un regard sombre, un soupir qui t'échappe, voilà ce qui peut me rendre pénible le besoin dans lequel nous sommes. Ne parles pas de ce que je t'ai sacrifié, de ce que j'ai fait pour toi : je l'ai fait, parce que mon cœur me le commandait ; je l'ai fait pour moi seule, à qui mille morts seraient moins affreuses que de vivre sans toi. C'est à ton amour, c'est au mien à nous aider à supporter notre destinée, quelque pénible et douloureuse qu'elle soit : reçois ma main pour gage du serment que je fais de la subir avec joie. Désormais, depuis le lever jusqu'au coucher du Soleil, mes soins se joindront aux tiens ; mon bras, tout faible qu'il paraît, t'aidera dans tes travaux, et jamais ne se lassera ; l'amour doublera ses forces ; il te rendra le moindre service avec empressement ; et tant que je serai ta consolation, que je suffirai à ton bonheur, mon sort me semblera plus beau que celui de la plus grande reine du monde.

Ainsi parla la meilleure des femmes ; et, pour gage de ses paroles, ses lèvres chastes imprimèrent un baiser sur celles de son bien-aimé. Ce baiser ravissant change tout-à-coup en Elysée, aux yeux de

Huon, cette masse informe de rochers : les traces de l'affreux besoin disparaissent, le rivage lui semble parsemé de perles, la grotte transformée en une salle de marbre, et les roches couvertes de l'or le plus brillant. Un nouveau courage le ranime : une femme telle qu'Amanda vaut mieux qu'un monde. Il la presse sur son cœur avec un sentiment de félicité céleste : il invoque la terre, la mer et le Soleil qui voit tout, comme témoins dn serment qu'il va prononcer. Je le jure, s'écrie-t-il, sur ce sein, sur cet autel sacré de l'innocence et de la fidélité : oui, je consens que vous m'anéantissiez, si jamais je viole la foi que j'ai promise à cette femme divine..... si jamais ce cœur, dans lequel ton nom est gravé en caractères de feu, devient insensible à tes vertus et méconnait ce que tu vaux : si jamais, tant que durera ce tems fatal d'épreuve, il t'afflige par son abattement et se dégrade par sa faiblesse : si jamais, femme chérie ! je pouvais craindre d'affronter, pour toi, les plus grands périls..... alors, Soleil, armes-toi de traits pour m'accabler, et puissent la terre et les mers me refuser un asyle. Il dit, et, pour récompense, il reçoit un nouveau baiser de son épouse angélique. Leur amour fait toute leur joie; et à quelques épreuves que le maître du destin mette leur vertu, ils s'encouragent mutuellement à les subir avec une fermeté et une patience inébranlables, à se conserver pour des jours plus heureux, à se confier aveuglément dans celui dont la main toute-puissante leur a déjà donné tant de marques de sa protection.

Ce jour même, l'endroit où sont les palmiers est

visité par tous deux : bientôt ils en découvrent plusieurs qui, épars çà et là dans les buissons, étalaient leurs grappes dorées. Le couple joyeux, semblable aux enfans, se croit immensément riche à la vue de ce petit trésor, et maintes soirées se passent à parcourir, en folâtrant, le vallon qui le renferme ; mais dans peu ces provisions disparaissent, et il faut une année, une éternelle année pour les remplacer. Chaque jour, hélas ! de nouveaux besoins se font sentir. L'amour se contente de peu, sans doute ; pour être satisfait, il ne lui faut, hors de lui, que ce que la nature exige pour le soutien de notre vie ; mais ce peu leur manque encore : le besoin devient de plus en plus pressant, et la toute-puissance de l'enchantement est prête à se dissiper. Ils sont souvent réduits à se nourrir de racines dont la faim dévorante peut seule se rassasier. Souvent las de chercher, le jeune homme rentre dans la caverne fort avant dans la nuit avec une poignée de mûres, ou bien un œuf de mauviette, ravi dans un nid élevé, ou bien un poisson à demi-rongé, qu'il a disputé à de voraces oiseaux, et c'est tout ce que le hasard lui a fait rencontrer pour soulager celle qui partage sa misère. Cependant, cet extrême besoin n'est pas le seul qui les tourmente. Il leur manque mille choses dont l'homme qui les possède méconnaît le prix, et et sans lesquelles nous aurions à lutter contre une foule d'inconvéniens. Comment se soustraire à la pluie, aux vents, aux orages, à toutes les injures du tems, à la rigueur d'un long hiver ? Déjà la parure des arbres devient la proie de l'automne, un vent âpre siffle déjà entre les feuilles desséchées, un épais brouillard couvre les rayons affaiblis du Soleil ; la mer et les cieux se confondent, le bruit confus des vagues se fait entendre sur le rivage, qui résiste à peine à leur fureur. Souvent couvertes d'écume, elles s'irritent contre une vaste chaîne de rochers ; mais bientôt réduites en poussière humide, elles en arrosent leurs fronts sourcilleux.

La nécessité force nos amans à quitter leur paisible asyle pour se retirer dans un lieu plus élevé ; mais de quelque côté qu'ils se tournent, l'image de la faim cruelle les environne et suspend leur marche. A leur situation déplorable se joint encore une circonstance qui tantôt les alarme et tantôt les enchante, qui leur offre des peines mêlées de douceurs et des plaisirs accompagnés de tourmens. Amanda, depuis trois mois, porte dans son sein le gage de l'amour de Huon. Souvent elle s'arrête devant lui, prend sa main, la presse en silence sur son cœur, et ses yeux touchans se remplissent de larmes. Il se forme entre eux un lien tendre et nouveau : son sein maternel est agité par un désir secret, et des sensations inconnues jusqu'alors. Un sentiment confus, mais plus profond qu'aucun de ceux qu'elle a jamais éprouvés, celui de la tendresse d'une mère, la fait tour-à-tour brûler et frissonner ; il sanctifie son amour. Ce gage de cet amour en est encore un pour elle qu'elle ne sera pas abandonnée par celui qui aime en père tous ceux qu'il a créés dans son vaste empire. Elle supporte avec courage les souffrances inséparables de son nouvel état, les cache avec soin aux yeux de Huon, et lui dérobe ses chagrins. Ses regards sereins ne lui montrent que la flatteuse espérance, et cherchent à nourrir dans son ame une faible confiance. Il n'avait pas, sans doute, oublié ce serment solemnel, prononcé en présence du ciel et d'Amanda : ce serment a doublé ses soins et ses devoirs, et le poids qui l'oppresse pèse plus encore sur son cœur. En faut-il davantage pour le déchirer que la vue de cette figure touchante ? Si le secours tant espéré ne se montre pas incessamment, c'en est fait de sa femme, de son enfant et de lui.

Déjà, depuis plusieurs semaines, il n'est point de jours qu'il ne grimpe vingt fois sur la cîme des rochers pour promener ses regards sur la mer, sa dernière espérance; mais, hélas! vainement ses yeux se fatiguent à épier un navire sur cette vaste étendue. Le Soleil se lève, le Soleil se couche, la mer est déserte; pas une voile ! Une seule ressource lui reste encore : elle paraît impossible, il est vrai; mais est-il quelque chose d'impossible à celui qui lutte pour tout ce qu'il aime au monde? Tout dans l'univers lui présenterait la mort sous mille formes différentes que son courage n'en serait point ébranlé.

Un des flancs de ce rocher, sur lequel Oberon l'a relégué, lui est entièrement inconnu. Un amas effrayant de pierres et de ruines en défend l'accès, qui semble insurmontable ; mais la nécessité a doublé les forces de son ame, et déjà il ne voit plus cet amas informe que comme une colline dont la pente est douce et facile. Ce seraient les Alpes elles-mêmes, que l'amour lui donnerait des ailes. Si cette entreprise hasardeuse lui réussit, sa constance opiniâtre saura peut-être lui frayer une route au travers de ces remparts sauvages de la nature, et le conduire dans des campagnes fertiles, vers un être sensible et compatissant. Pour épargner mille inquiétudes à sa chère Amanda, il lui cache le plus fort des périls auxquels leur salut commun l'oblige de s'exposer. Leurs cœurs sont tellement oppressés qu'en se séparant ils ne peuvent se dire autre chose qu'adieu. Mais les regards de Huon annoncent un avenir qui, comme un rayon du Soleil, pénètre dans l'ame de son épouse et suspend ses chagrins.

Le voilà au pied de ces boulevards de montagnes amoncelées : ils sont devant ses yeux semblables aux débris d'un monde. C'est comme un chaos de pierres calcinées, dans lequel s'engloutissait jadis une montagne de feu, qui, tantôt, allait porter l'effroi dans l'empire de l'éternelle nuit, et tantôt, avec une magnificence horrible, lançait jusqu'aux cieux des fragmens de roches brisées sous mille formes diverses. Dans ce lieu terrible, le désespoir seul peut frayer un passage. Souvent de ses mains le paladin est obligé de se cramponner aux rochers; souvent, tel qu'un daim léger, il franchit un abîme effrayant par sa profondeur, en sautant d'une roche sur une autre. Quelquefois, dans un sentier étroit, ce sont des pierres énormes qui lui barrent le chemin, et lui dérobent la lumière du jour : alors l'extrême fatigue l'oblige à retourner sur ses pas. Tantôt un monceau de pierres s'écroule, et un buisson, qu'il saisit de ses mains déchirées, le préserve de la mort. Quand ses forces sont prêtes à l'abandonner, l'image d'Amanda vient s'offrir à ses yeux, et rappelle chez lui la vie fugitive. Respirant à peine, il s'arrête, pense à elle, et se sent un nouveau courage. Huon! ton cœur héroïque recevra sa récompense! Le sentier s'applanit insensiblement sous ses pas, et les obstacles qu'il lui faut vaincre encore ne sont rien en les comparant à ceux qu'il vient de surmonter.

CHANT HUITIEME.

Peines de Huon pour adoucir le sort d'Amanda. Son arrivée chez un Hermite. Accueil qu'il y reçoit ainsi que son épouse. Sages conseils que leur donne cet homme vénérable. Amanda approche du terme de sa grossesse. Titania, Reine des Génies, la protège. Couches d'Amanda.

Il a déjà franchi la première des montagnes, et devant ses yeux se présente un vallon étroit, couronné de pins antiques et élevés : à peine un faible crépuscule l'éclaire : une sueur froide saisit le voyageur épuisé de fatigues. D'un pas chancelant il s'avance dans cet asyle obscur et solitaire, et croit pénétrer dans l'empire des ombres. Un sentier tortueux, mais doux, et qui va toujours en s'inclinant, le conduit vers un pont sous lequel, au milieu des rochers, roule, avec fracas, un torrent couvert d'une écume blanchissante. L'intrépide Huon s'enfonce dans la montagne située au-delà de ce pont, et se trouve tout-à-coup environné d'une vaste chaîne de rochers, et pas une issue pour en sortir. Le sentier qu'il vient de parcourir disparaît à ses yeux comme par enchantement. Dévoré d'inquiétudes, il erre et cherche long-tems un passage. Enfin, au travers de broussailles nées dans les flancs d'une roche éclatée, il découvre une ouverture ; c'est le commencement d'un sentier étroit qui s'élève en spirale le long d'un rocher. Il est presque vertical pendant plus de cent degrés. A peine hors d'haleine a-t-il franchi le dernier, qu'à ses regards s'offre un pays enchanteur, et un homme dont les traits sont nobles et graves. Sa barbe et ses cheveux sont d'une blancheur éblouissante ; une large ceinture, à laquelle un long rosaire est suspendu, contient les plis de sa robe brune. Dans ce lieu tranquille, il eût été naturel sans doute de prendre cet homme pour ce qu'il était en effet ; mais Huon, affaibli par la faim et la fatigue, Huon qui, depuis long-tems, soupire vainement après la vue d'un être de son espèce, se trouvant sur ces hauteurs sauvages, où, du sommet des rochers qui l'environnent, de vieux pins balancent sur lui leurs têtes agitées par les vents, Huon, à l'aspect de cette longue barbe blanche qui lui cause un doux effroi, croit voir un fantôme, et se précipite à ses pieds. Non moins effrayé, l'hermite recule quelques pas ; mais revenant bientôt à lui : Si tu as encore, dit-il, ainsi que tes traits et tes regards semblent l'annoncer, quelque espoir d'être délivré de tes souffrances, parles, esprit malheureux, que puis-je pour toi ? à quelle pénitence faut-il me soumettre pour t'ouvrir l'asyle fortuné où, délivrés de toutes leurs peines, les êtres pieux jouissent d'un repos éternel ?

Le chagrin et le besoin avaient rendu le chevalier si pâle et si maigre, que l'erreur du vieillard n'était que trop pardonnable. Mais après s'être mutuellement regardés, après que l'hermite eut appris le motif qui l'amenait en ces lieux, motif que son extérieur n'annonçait que trop, il l'embrasse comme un fils, et l'invite, avec bonté, à le suivre dans sa cellule. Il le conduit d'abord vers une source fraîche, dont l'onde, pure comme l'air et transparente comme le cristal, jaillit, tout près de sa demeure, du sein d'un rocher. Pendant que son hôte appaise sa soif et se repose, le bon vieillard va dans son jardin, et rassemble, dans une corbeille, les plus beaux fruits qu'un ciel tempéré lui donne avec profusion, pour le récompenser des soins qu'il a pris de les cultiver. Il ne cesse de lui témoigner son étonnement de ce qu'il a pu, sans le secours des ailes, s'élever au-dessus de ces montagnes, où, depuis trente années, il se croit aussi solitaire que s'il était dans sa tombe. C'est la preuve certaine, dit-il, qu'un bon ange vous protège ; mais, avant tout, tendons à votre jeune épouse une main consolatrice. Un sentier sûr, mais si bien caché que, sans mon aide, personne ne pourrait le découvrir, doit vous ramener tous les deux en la moitié moins de tems qu'il ne vous en a fallu pour pénétrer jusqu'ici. Je vous offre, de bon cœur, tout ce que ma cabane et mon petit paradis peuvent fournir à vos besoins. Croyez-moi ; on peut, sur la bruyère, goûter le doux repos de l'innocence, et près d'une table frugale, jamais la santé ne s'altère.

Sire Huon remercie l'excellent vieillard, qui saisit son bâton pour lui indiquer le chemin : il parsème le sentier de branches de pin fraîchement cueillies, dans la crainte de s'égarer à son retour. Il arrive, et, avant que le Soleil ait plongé son disque d'or dans le sein de la mer, Amanda a déjà franchi la montagne tant désirée sur laquelle elle s'abreuve à longs traits d'un torrent de l'air le plus pur. Elle se croit transportée dans un autre monde, dans le séjour enchanté des fées. Jamais l'azur du ciel ne lui a paru si beau, la terre si verte, et le feuillage des arbres si frais; car dans ce lieu charmant, qu'une chaîne de rochers environne et garantit des vents du nord, l'automne répand ses dons les plus précieux; la figue mûrit encore et l'oranger fleurit. Pénétrée d'une crainte respectueuse, Amanda se prosterne aux pieds du vieillard, qu'elle regarde comme le génie de ce lieu saint; elle honore d'un baiser pieux la main ridée et desséchée par l'âge qu'il lui présente avec bienveillance. Entraînée par un sentiment involontaire, elle le regarde comme un père; elle ose lever encore sur lui ses beaux yeux, et son effroi se dissipe; elle croit même le connaître depuis qu'elle se connaît elle-même. Dans la taille et les traits de ce pieux solitaire, regnait une dignité naturelle que ne pouvait cacher son humble vêtement; son regard ouvert annonçait en lui l'ami du genre humain, et paraissait habitué à contempler la voûte des cieux, quoique le fardeau des ans eût incliné son cou vers la terre. La paix de l'ame repose sur son front serein, qui tel qu'un rocher dont les nuages n'atteignent jamais la cîme, semble planer au-dessus des vanités de ce monde.

Depuis long-tems, le cours rapide des ans avait effacé chez lui la rouille du monde et la trace des passions. Si une couronne venait rouler à ses pieds et qu'il ne fallût que sa main pour l'arrêter, il ne daignerait pas l'étendre. Maître de ses désirs, inaccessible à la crainte, insensible à toute espèce de douleur, son ame pure n'est plus ouverte qu'à la vérité et aux doux sentimens de la nature. On le nommait Alphonse avant qu'il eût quitté ce monde orageux. Le royaume de Léon l'avait vu naître. Attaché au service de son prince et séduit par une flatteuse apparence, il courut, avec mille autres, après une vaine illusion qui voltigeait sans cesse devant lui et lui échappait sans cesse ; fantôme éclatant, qui exige toujours de nouveaux sacrifices, et qui, semblable à la pierre philosophale, n'offre jamais qu'un espoir trompeur. Après avoir, dans l'ivresse de l'erreur, sacrifié le plus beau tems de sa vie à la cour des rois, après avoir, avec un zèle ardent et une fidélité mal récompensée, prodigué, pour eux, son sang et sa fortune, une chûte soudaine le dégagea de ses chaînes au moment où la faveur semblait lui sourire. Heureux encore d'avoir pu, sur une faible planche, soustraire sa vie au naufrage. Cette disgrace, qui lui ravit tout, lui laissa pourtant un trésor dont, à la cour, on fait peu de cas ; mais qui l'indemnisait de toutes ses pertes, une épouse chérie, un ami et une cabane. Dieu puissant, dit-il, conserves-moi ces biens ! ce fut le seul vœu de son cœur content. Sa prière fut exaucée ; mais il ne jouit de ces biens que pendant dix années. Le destin voulut qu'il leur survécut. Trois fils, l'espoir de ses vieux ans, lui furent enlevés par la peste à la fleur de l'âge, et la douleur conduisit leur mère au cercueil. Il vit ! et n'a personne pour pleurer avec lui ; car il fut abandonné par son unique ami. Il reste seul ! ce monde qui l'environne est le tombeau... le tombeau de tout ce qu'il aime, de tous ceux dont il fut aimé ; la source où il puisait tout son bonheur est tarie : il reste solitaire ! c'est un chêne que l'ouragan a dé-

CHANT HUITIEME.

pouillé de ses feuilles. Cette cabane, où il a si peu joui de sa félicité, comment pourrait-il la voir sans horreur? Maintenant, qu'est-ce que le monde pour lui? Un vaste espace vide, une carrière immense où la fortune aveugle se joue des faibles mortels. Qu'y ferait-il désormais? Son heure vient de sonner: il n'a plus rien à chercher qu'un tombeau.

Les sens presque égarés par la douleur, Alphonse se retira dans cette île déserte, abandonnée: il s'ensevelit dans ces montagnes, et y trouva plus qu'il n'osait l'espérer, le repos, et, avec le cours tranquille des ans, le contentement. Un vieux serviteur qui ne voulut pas l'abandonner, le seul ami fidèle que lui laissa son infortune, le suivit dans ces lieux, où le creux d'un rocher leur servit d'asyle. Peu-à-peu son ame s'éleva au-dessus des sombres vapeurs du chagrin. Une vie frugale et tranquille, l'air libre et pur raffraîchirent son sang, dégagèrent ses esprits troublés et ranimèrent son courage. Il reconnut alors que le sentiment de la vie éternelle est un baume fait pour adoucir les plaies de son cœur. Souvent l'éclat magique du Soleil suffisait pour l'arracher à ses pensées mélancoliques; et lorsqu'il eut enfin rencontré cet Elysée qu'environnent des bois, des rochers, et qu'un génie sauvage, mais bienfesant, semblait avoir créé pour lui, ses sombres chagrins l'abandonnèrent. On dirait qu'après une nuit passée dans l'agitation de la fièvre et de songes pénibles, il entrevoit, à son réveil, l'aurore de l'éternité. L'aspect de ce beau lieu l'enchante. C'est ici, dit-il à son ami, qu'il nous faut bâtir une cabane. Elle fut bâtie et pourvue, avec le tems, du simple nécessaire;

car, pour les commodités de la vie, le vrai sage exige toujours moins qu'il ne lui faut.

Le travail et les jouissances de l'automne de la vie l'ont fait parvenir à un âge très-avancé. Le soin qu'il donne à la culture de son jardin, source de son modique superflu, est une volupté pour lui. Oublié du monde et ne se ressouvenant de ses malheurs que comme des jeux de son enfance, malheurs dont il a su tirer avantage; la santé, le repos, l'innocence, une conscience pure ont béni ses vieux jours. Dix-huit ans après son arrivée dans ce désert, la mort lui enleva son vieux compagnon; il resta seul; mais, d'un esprit tranquille, il dirigea plus que jamais ses regards vers ce monde futur, auquel appartient déjà ce qu'il a jadis tant aimé; vers ce monde auquel il appartient lui-même plus encore qu'à celui-ci. Souvent, dans le silence des nuits, quand les sens appesantis plongent les corps dans leur premier néant, il sent un souffle divin errer sur son visage. Quelquefois, d'une oreille à moitié assoupie, il croit entendre, du fond du bocage, la voix d'un ange, et son cœur en tressaille et de joie et de crainte. Il lui semble que les frêles parois qui le séparent de tout ce qui lui est cher s'écroulent, qu'une flamme sainte s'élance de sa poitrine, et que son esprit, éclairé par la lumière pure du monde invisible, contemple les figures célestes. Cette illusion ne l'abandonne pas lors même que ses yeux sont ensevelis dans un sommeil doux et profond; lors même qu'en les ouvrant l'aurore étale devant eux le magnifique spectacle de la nature; Un rayon de la félicité céleste embellit encore les rochers, les bosquets : il les pénètre et leur prête un nouvel éclat. Dans tous les objets qui l'environnent, il voit l'image de l'être incréé, comme on voit, dans une goutte de rosée, scintiller l'image du Soleil. C'est ainsi que, dans son esprit, la terre et les cieux insensiblement se confondent. Dans cette agitation, qui n'a rien de commun avec les passions, au milieu de cette nuit sainte qui l'entoure, les plus purs de ses sens s'éveillent..... Mais quelle main invisible vient fermer ma bouche téméraire prête à divulguer ces profonds mystères ?..... Je me tais et m'arrête sur les bords de cet abîme.

Tel était le vieillard aux pieds duquel Amanda vint se jeter, par un penchant si naturel à la jeunesse. Privé lui-même si long-tems de l'aspect d'une figure humaine, après laquelle son ame soupire en secret, il s'épanouit à cette vue touchante et inespérée. Il presse paternellement la main de cette aimable fille : il embrasse, pour la seconde fois, son nouveau fils, et les regards levés vers les cieux, il remercie l'Être suprême qui les lui envoie. Sans plus tarder, il les conduit dans sa retraite, à sa source, dans son verger tout couvert de fruits dorés et de raisins couleur de pourpre. Il les met en possession de tout ce qu'il a. La nature, dit-il, exige moins que nous ne le pensons. D'immenses richesses ne pourront suffire à celui qui ne sait pas se contenter de peu. Durant ces jours d'épreuve auxquels vous êtes condamnés, vous ne manquerez ici de rien de ce qui vaut la peine d'être désiré. Il leur dit ces mots à dessein ; car, du premier coup-d'œil, il avait pénétré ce qu'il n'avait pas voulu demander, et ce dont le guerrier n'avait osé l'instruire. Quoique la misère eut presque entièrement flétri la fleur de leur jeunesse, cependant leur air, leur langage, tout annonçait en eux, sinon une origine royale, du moins une naissance dont même la main toute-puissante du sort ne peut effacer le caractère dans celui qui porte en soi le sentiment de son être.

Déjà le jour s'est levé trois fois depuis leur arrivée dans cet asyle, et ils sont, sans cesse, poursuivis par l'idée que ce vieillard, si rempli de bienveillance pour eux, n'est pas ce qu'il paraît être. Ah! sans doute, c'est un génie protecteur : c'est peut-être Oberon lui-même, qui oublie leur faute, qui, touché de leur repentir et satisfait de la pénitence sévère qu'il leur a infligée, a résolu de les rendre incessamment au bonheur. Mais bientôt cette douce illusion se dissipe et avec elle, hélas! l'espoir qu'elle entretenait. Cependant leur cœur ne s'en attache que plus fortement à cet homme bienfesant. Il était si doux, ce bon vieillard! sa compassion était si tendre, son ame si pure, que, six jours après leur arrivée, il leur fut impossible de lui faire un plus long mystère de leur situation! Sans balancer, le jeune homme, plein de reconnaissance, confie son nom et son état à son hôte, qui ne songeait pas à le lui demander. Il lui fait le récit du meurtre du fils de l'empereur à Montlhéry, et des événemens qui en furent la suite; du moyen employé par Charles pour se défaire de lui, et comment, à l'aide d'Oberon, il avait su mettre à fin l'entreprise la plus difficile. Il lui raconte le songe dans lequel se forma, pour la première fois, l'amour qui l'unit, pour jamais, à Rézia; leur fuite

CHANT HUITIÈME.

de Babylone; la défense qui lui fut faite par son divin protecteur : il avoue que, l'ayant oubliée dans un instant d'ivresse, la nature entière s'était soulevée contre eux, et qu'aussi-tôt la faveur d'Oberon avait fait place à sa vengeance.

Que le bonheur, dit le noble vieillard, soit le partage de celui qui raconte, avec tant de franchise, les événemens de sa vie, et qui, sévère à lui-même, ne cherche point à excuser les fautes mêmes les plus légères ! sans doute les biens les plus désirables l'attendent. Oberon ne peut être éternellement irrité contre des cœurs tels que les vôtres. Crois-moi, mon fils, son œil invisible plane sur toi ; mérites sa bienveillance, et, de nouveau, tu l'obtiendras. — Ah ! que dois-je faire pour la mériter ? par quel sacrifice appaiserai-je son courroux ? dit Huon d'un ton animé, je suis prêt, quelque difficile que cela puisse être : parlez, que dois-je faire ? Être maître de toi, répondit Alphonse, c'est ainsi que tu montreras le repentir de ta faute. — Le jeune homme pâlit. — Je sens, reprit le vieillard, dont un doux incarnat colora les joues, je sens combien ce sacrifice est pénible, mais je sais de qui je l'exige.

A ces mots, un noble mouvement s'empara de l'ame du jeune guerrier. » Reçois ma main pour gage de ma parole «. Il n'en dit pas davantage. Heureux celui qui, plus de deux ans après, put se rendre le témoignage qu'il n'avait pas rompu son vœu ! Jamais Huon ne remporta une plus belle victoire. Souvent il est retenu par la crainte d'avoir à rougir devant le vieillard; souvent par les regards sérieux et même sévères d'Amanda. Le bon hermite l'assure qu'un travail assidu est le seul moyen de contenir, en les fatigant, les sens dans le calme et la paix, et que rien n'est fait, comme l'oisiveté, pour écarter du sentier de la vertu. Aussi, dès que le jour paraît, Huon s'arme d'une lourde coignée, s'enfonce dans la forêt, et, jusqu'à la nuit sombre, renverse les arbres sous ses coups redoublés.

Élever une cabane pour Amanda, en bien fermer les jointures et les parois avec de l'argille et de la mousse, ranger tout auprès une provision de bois de sapin pour l'entretien de son foyer, qui ne doit jamais s'éteindre, tous ces soins et mille autres donnent beaucoup d'ouvrage au prince, et lui rendent le repos de la nuit d'autant plus nécessaire. Malgré son ardeur au travail, le succès ne répondit pas d'abord à ses vœux; et dans ses mains inhabituées, la coignée lui sembla plus difficile à manier que l'épée de chevalier. Aussi, dans la moitié moins de tems, le plus chétif manœuvre eût fait autant d'ouvrage que lui. Mais peu-à-peu ses talens se développèrent, et l'exercice en fit bientôt un maître. Si par fois il se sent prêt à succomber, une voix secrète lui souffle que c'est pour Amanda qu'il travaille : soudain son feu se rallume et ranime ses esprits abattus.

Pendant que Huon se fatigue dans la forêt, le noble vieillard, qui porte encore d'un pas ferme le lourd fardeau de quatre-vingts hivers, ne se livre point au repos : il est rare seulement qu'il s'éloigne de sa cabane. Les beaux jours le trouvent sans cesse occupé dans son jardin chéri. Amanda s'est chargée

CHANT HUITIÈME. 149

du soin de la maison. On la voyait, (mais qui, dans ces lieux, pouvait la voir, sinon les anges voltigeant en silence autour de leur propre image?) on voyait la fille des rois d'un visage tranquille, sur lequel les soucis ne paraissaient que comme de légers nuages, se soumettre, de bon gré, aux plus viles fonctions du ménage. Ce qu'elle n'a jamais su, ce qu'elle n'a jamais fait, avec quelle promptitude elle le conçoit! avec quelle grace elle l'exécute! C'est sans le moindre regret, c'est sans s'inquiéter si sa peau délicate en perd son éclat, qu'elle plonge ses beaux bras blancs dans un baquet placé près de la porte de sa cabane. La joie qu'elle éprouve à préserver ce vieillard vénérable, et cet époux qu'elle adore, des plus pressans besoins qu'enfante la pauvreté, élève, annoblit à ses yeux les serviles occupations de sa journée; c'est là sa plus douce récompense. En revenant de ses travaux, le saint vieillard la voit, la bénit, et le plaisir intérieur qu'elle éprouve est plus pur, cet hommage rendu à ses vertus, est plus flatteur pour elle que la foule de ceux qu'elle recevrait à Bagdad, si elle y était encore.

Quand la nuit les rassemble tous les trois auprès du foyer, et que la flamme réfléchit son éclat sur les traits aimables d'Amanda, à demi cachée dans l'ombre, alors les yeux enchantés, ivres d'amour du jeune homme, se reposent, en silence, sur elle; son cœur se gonfle, et de douces larmes roulent le long de ses joues obscurcies par les ténèbres : le désir se tait au fond de son ame; Amanda n'est plus pour lui qu'un être céleste qui lui apparaît pour le consoler; trop heureux encore d'oser l'adorer et de lire dans ses traits, dans ses chastes regards, qu'il en est aimé. Assis au milieu d'eux, le bon hermite, tenant la main d'Amanda, leur fait souvent le récit d'une partie des événemens de sa longue vie. Ces ames jeunes et bouillantes l'écoutent avec un intérêt qui le réchauffe lui-même, et, sans s'en appercevoir, les histoires se succèdent et se multiplient.

Quelquefois, pour conjurer le démon de la mélancolie aux ailes de hibou, qui, assis sur un nuage de neige, épie les malheureux mortels lorsque les prairies sont dans le deuil et le silence, Huon fait entendre sa voix sur une harpe trouvée, par hasard, dans un coin de la cabane, depuis long-tems abandonnée, et garnie à peine de la moitié de ses cordes; mais sitôt que les chants d'Amanda se sont mariés à ceux de son amant, ce rauque instrument semble animé de tout l'esprit d'Orphée. Souvent, par un beau jour d'hiver, quand, pressée par un froid rigoureux, la mer au loin mugit, quand la neige épaisse, éblouissante, est teinte en pourpre par les rayons du Soleil couchant; attirés par cet éclat admirable, ils quittaient leur retraite et allaient respirer cet air pur et glacé. Oh! combien alors ils se sentaient fortifiés! leur esprit devenait plus serein, leur corps recevait une nouvelle vie, et leurs chagrins s'évanouissaient. Mais bientôt l'hiver s'envole, la terre sort de son long assoupissement; elle se revêt, de nouveau, de sa verte parure; la forêt n'offre plus l'image muette d'une ruine abandonnée, où l'on ne voit que les colonnes qui soutenaient les voûtes de verdure, ces portiques vastes et ombragés du superbe temple de la nature; elle a repris toute sa

CHANT HUITIEME.

beauté, toute sa splendeur, et les feuilles se pressent à l'envi contre les feuilles. Les jardins, les prairies sont couverts de fleurs; les airs retentissent du doux chant des oiseaux; un verd feuillage couronne la cîme des rochers; les ruisseaux épanchent en perles sur la mousse leur cristal liquide, et déjà, durant la nuit silencieuse, le rossignol, caché dans les bocages touffus, fait entendre ses accens mélodieux.

Amanda, dont le terme approche, cherche, avec soin, la solitude. Les sentiers sombres et tranquilles, les bosquets les plus ténébreux, sont ceux qu'elle préfère. Là, livrée à ses pressentimens, elle s'appuie souvent contre un arbre fleuri; le mouvement, le bourdonnement des insectes, cette vie générale qui regne dans le sein de cet arbre lui cause une joie inexprimable. Avec une volupté anticipée, elle presse, en imagination, sur son sein, l'enfant aimable que sa tendresse maternelle a déjà doué, d'une main prodigue, des charmes les plus doux; elle jouit d'avance des heureux penchans qu'elle voit naître chez lui; elle jouit déjà de son premier sourire, gage de sa reconnaissance pour les maux que, par amour pour lui, elle a soufferts avec tant de constance. Son cœur s'épanouit en contemplant chacun de ses traits, dans lesquels l'image de son père se confond avec la sienne. Mais bientôt à ce rêve enchanteur succèdent les angoisses de la crainte, un sombre chagrin, qu'elle voudrait et qu'elle peut à peine dissimuler aux regards de son époux. O Fatmé! se dit-elle souvent, (et des larmes roulent dans ses yeux) dans ce pressant besoin, que n'es-tu près de moi!

— Consoles-toi, divine Amanda ! le destin qui t'a conduite a préparé depuis long-tems les secours qui te sont nécessaires.

Titania, la reine des génies, s'était retirée dans ces mêmes montagnes depuis le jour où le dépit et la contradiction lui enlevèrent si subitement le cœur d'Oberon. Avec cet époux, dont la prive un serment auquel, sous la voûte immense des cieux azurés, aucun esprit n'oserait être parjure, s'est envolé tout ce qu'elle aime au monde et tout son bonheur ; elle gémit maintenant, mais trop tard, de sa vivacité. Elle sent, et la rougeur couvre son front, elle sent toute l'étendue du tort dont elle s'est rendue coupable envers son époux et envers elle-même. En vain son orgueil combat sa tendresse, sa tendresse est la plus forte. Ah ! elle parcourerait volontiers un espace aussi vaste que le ciel pour aller déposer son repentir et ses larmes aux pieds du génie courroucé. Démarche inutile ! il a juré, par les ondes, par les airs, par ces bosquets fleuris dont les branches distillent un baume odorant, par ces lieux où l'horrible griffon, caché dans une caverne, séjour d'une nuit éternelle, veille près d'un trésor enchanté. Vainement il éprouve lui-même un repentir tardif, son serment l'enchaîne à jamais. Toutes les portes de la réconciliation sont fermées pour Titania ; quel espoir fonder sur la seule qui lui reste ? elle est fermée pour toujours ; car un couple aimable comme il n'en est point, comme il n'en fut et n'en sera jamais doit seul l'ouvrir ! Attendre des faibles enfans d'Adam une fidélité inébranlable au milieu même des tempêtes, une fidélité que de nouveaux charmes ne peuvent corrompre, impossible! Désespérée, elle jette, avec peine, ses yeux appesantis par les larmes dans l'avenir le plus éloigné, rien ne peut soulager sa douleur.

Dès lors, les plaisirs des Génies, leur danse au clair de la Lune, le beau mois de Mai lui-même paré de ses vêtemens de roses, tout lui devient odieux. Son front n'est plus orné d'une couronne de myrthe, l'image de la joie rouvre ses blessures: elle se laisse aller au gré des vents dans les plaines de l'air, ne trouve le repos nulle part, et ses tristes regards cherchent par-tout un lieu qui convienne à sa mélancolie. Enfin sur l'immense Océan cette île s'offre à sa vue. Elle y dirige son vol. La sombre tristesse de ce lieu, formé d'un monstrueux amas de ruines entassées, lui plaît; il est d'accord avec la situation de son ame. Elle descend rapidement du haut des airs, et se précipite dans une caverne obscure pour y pleurer sans trouble son existence, et dans l'espoir d'y devenir insensible comme les rochers parmi lesquels elle habite.

Depuis que Titania traîne cette vie malheureuse, le printemps a sept fois rajeuni la terre, et elle ne s'en est point apperçue. Elle est étendue sur une pierre comme une victime qu'attend la mort. Le jour se lève, il se couche, le Soleil bienfesant éclaire de ses rayons les rochers d'alentour, ce magnifique spectacle est perdu pour elle. Son cœur reste inaccessible aux beautés sans nombre que lui offre la saison. Pour adoucir ses éternelles douleurs la seule ombre de consolation qui lui reste, c'est que la situation de son époux est peut-être semblable à la sienne; peut-être même son repentir surpasse-t-il le sien? Sans doute il l'aime encore! combien alors il doit être malheureux! lui, l'auteur volontaire de leur peine mutuelle! Son malheur doit être si grand qu'elle lui pardonne volontiers celui qu'il lui cause.

Cependant quelque profondes et brûlantes que soient les blessures de l'âme, le Tems, ce grand consolateur, possède le baume qui les soulage. L'heure enfin arriva où peu-à-peu les nuages qui obscurcissaient les esprits de Titania se dissipèrent. Son cœur apprit à souffrir avec plus de patience, son imagination se para de couleurs plus riantes; la flatteuse espérance eut de nouveaux accès auprès d'elle et devint, ce qui semblait impossible, le plus cher de ses songes. Elle frissonne tout-à-coup à la vue de ces abîmes, de ces gouffres sombres dont naguère elle se voyait environnée avec tant de plaisir. Bientôt elle veut qu'une partie de ces masses de rochers disparaisse à ses yeux, et soudain on voit à leur place des campagnes fleuries. Au doux son de sa voix trois aimables Sylphides accourent pour la servir; ce sont trois sœurs destinées à la distraire de son chagrin, et qui se dévouent pour cette femme délaissée, plus par amour que par devoir.

Ce lieu charmant, que la Reine des Génies créa au milieu des rochers, était le même que depuis trente ans Alphonse habitait. C'était du fond de la grotte où elle se retirait que durant la nuit les zéphyrs portaient jusqu'aux oreilles de ce vieillard ces voix semblables à celle des anges. C'était elle qui, invisible à ses yeux, couvrait, en se promenant près de lui, son visage de ce souffle divin. Elle avait aussi remarqué nos amans dès le jour où les vagues irritées les avaient poussés dans cette île. A chaque heure, à chaque instant elle en recevait des nouvelles. Souvent quand ils se croyaient seuls, elle était auprès d'eux pour mieux les connaître. Leur conduite, leurs discours, tout fit naître en elle le soupçon qu'ils pourraient bien être le couple tant attendu. Plus elle les observe, et plus son espoir se confirme. Si Huon et Amanda ne sont pas ces âmes inébranlables dans leur fidélité qu'Oberon exige; c'en est fait, il faut y renoncer pour jamais. Dès ce moment ils lui sont chers, elle ne les perd pas de vue, et elle forme la résolution de secourir avec ses Sylphides cette jeune et noble femme.

L'heure approchait. Tourmentée par une inquiétude inconnue jusqu'alors, Amanda erre dans ce bocage fleuri qui, près des cabanes, répand à l'aube du jour un doux mélange de mille parfums divers. Cette inquiétude la conduit par un sentier étroit et tortueux jusqu'à l'entrée d'une grotte que couvre un léger tissu de lierre, et sur lequel les rayons du matin répandent une sombre clarté. Long-tems auparavant Alphonse avait en vain tenté d'y pénétrer. Son vieux compagnon n'avait pas été plus heureux, et les peines de Huon pour s'assurer du prodige furent aussi infructueuses. Ils ne purent rien voir; seulement ils éprouvèrent une résistance extraordinaire, on eut dit qu'une porte invisible repoussait tous leurs efforts. Un frisson qui tenait du prodige les surprit soudain, ils se retirèrent sans bruit, et depuis aucun d'eux n'osa risquer une nouvelle épreuve. On ignore si Amanda avait essayé d'y pénétrer; quoiqu'il en soit elle ne put résister à l'idée qu'elle pouvait être la première à qui l'entreprise réussit. D'une main légère elle écarta la branche de lierre et entra dans la grotte.

A peine elle y fut qu'un tremblement intérieur la saisit, elle tomba sur un lit de mousse et de roses, et bientôt des douleurs aigues se manifestèrent coup sur coup dans tous ses membres. Ces douleurs passèrent; un calme agréable leur succéda. Ses yeux ne virent plus qu'un jour semblable à cette faible clarté que répand la Lune lorsqu'elle se plonge dans les nuages. Ses idées se troublent et le sommeil s'empare de ses sens. Des figures confuses, mais aimables s'offrent en songe à son imagination. Tantôt elles disparaissent et tantôt elles se réunissent en une seule. Elle croit voir trois anges à genoux exercer auprès d'elle des fonctions mystérieuses. Une femme qu'environne une lumière couleur de roses est à ses côtés, et lui fait sentir le doux parfum d'un bouquet toutes les fois que la respiration est prête à lui manquer. Une douleur vive mais courte la saisit, c'en est fait! les images fantastiques se dissipent; elle se rendort. Des sons doux et qui ne parviennent qu'à demi à ses oreilles la tirent de cet assoupissement. Elle ouvre les yeux et voit au lieu de trois anges la Reine des Fées dans tout son éclat. Un doux sourire regne sur son visage, elle tient dans ses bras un enfant nouveau né qu'elle présente à sa mère; la déesse aussi-tôt se dérobe à ses regards, on eut dit qu'elle était enlevée par les vents; mais elle laisse long-tems encore après elle un doux parfum de roses. Amanda entièrement éveillée étend les bras pour saisir les vêtemens légers de la Déesse, et ses bras ne rencontrent que l'air, elle est seule! mais bientôt quelle surprise, quel ravissement! à peine elle en croit ses sens, ses yeux! elle est dégagée de son fardeau, elle tient dans ses bras un enfant frais comme la rose du matin et beau comme l'amour; il s'agite sur son sein, elle est tremblante de joie, son cœur maternel s'élance jusqu'à lui. Oui! elle sent qu'il est son fils; les yeux baignés de larmes, elle presse de ses lèvres sa bouche, ses joues, son sein, elle ne peut se rassasier du doux plaisir de le voir! l'enfant lui-même semble déjà connaître sa mère. Ah, laissons du moins à cette tendre mère cette douce illusion! il la regarde de ses grands yeux avec un air si expressif! et chacun des baisers de sa petite bouche semble appeler la sienne! elle devine ses désirs, car que ne devine pas le cœur d'une mère? Et elle obéit à ses désirs sans l'avoir jamais appris. Ah! si les anges, qui la contemplent sans doute, pouvaient sentir l'envie, ne seraient-ils pas jaloux de la joie avec laquelle Amanda présente son sein à cet enfant chéri? Elle suit l'instinct de la nature, et abandonne son cœur au doux épanchement du sentiment le plus tendre.

Cependant Huon, en proie à mille inquiétudes, la cherche vainement depuis deux mortelles heures dans tous les bosquets. Ses pas errans l'amènent enfin dans ce lieu; il approche de cette grotte impénétrable; rien ne l'arrête, il entre, — oh quel moment! il voit cette épouse si chère concentrée dans son bonheur et tenant sur son sein le Dieu des Amours. Vous, à qui dès votre entrée dans la vie, la nature a donné de préférence à tous les autres biens, le plus beau de ses présens, un cœur sensible, une ame pure, trésor que tous ceux de l'Orient ne sauraient acheter, trésor qui ne vous abandonnera pas lorsque vous aurez quitté ce monde..... regardez, considérez ces amans, ces époux — le voile saint va tomber.

CHANT NEUVIEME.

Fatmé vendue à Tunis. Schérasmin, après avoir long-tems erré pour trouver son maître, y arrive. Fatmé et lui se reconnaissent. — Mort de l'Hermite. Affreux changement dans l'Ile. Amanda perd son fils. Elle est enlevée par des Pirates. Disgrace de Huon.

Il est tems enfin de revenir à Fatmé que nous avons laissée seule, désespérée, au moment où Amanda s'est précipitée dans les flots avec son bien-aimé. Jour et nuit elle pleure sur la destinée de sa princesse et sur la sienne: elle gémit, pousse des cris, s'arrache les cheveux; mais en vain hélas! un souffle a détruit tout le bonheur et l'espoir de sa vie. Que va-t-elle devenir? Ainsi seule au milieu de ces grossiers enfans de la mer qui se rient de sa douleur, qui, la dévorant de leurs yeux lascifs qu'anime encore le vin, la regardent déjà comme leur proie! quel sera son destin? Sa fortune voulut que dès la seconde nuit une tempête inattendue souleva de nouveau les mers et la mit à l'abri de leur fureur. Une terreur universelle glace les matelots, le navire erre au gré des vagues; enfin après sept jours effroyables, la colère des vents s'appaise et le capitaine reconnaît que la tempête l'a jeté sur les côtes de Tunis: Pour tirer parti de ce contre-tems fâcheux, il se résout à vendre Fatmé comme esclave.

Fatmé touchait à peine à son septieme lustre. Sa figure était du nombre de celles qui conservent long-tems leur fraîcheur, et qui résistent le mieux aux outrages du tems. Certains charmes répandus sur son visage, dans ses yeux une vivacité singulière, et des fossettes sur ses joues la dédommageaient suffisamment des roses de la jeunesse, et on pouvait l'acheter pour quarante pièces d'or. Le jardinier du Roi passant par hasard sur la place, Fatmé fixe son attention. Plus il l'examine, et plus elle lui semble un trésor qui manque à son Gulistan. Sa tête grise ne prend conseil de personne; l'or est bientôt pesé, et la bonne Fatmé ne pouvant changer sa destinée, s'y soumet avec patience.

Cependant, le fidèle Schérasmin poursuit avec un vent favorable la route qui lui a été prescrite. A peine arrivé à Marseille, il s'élance sur un cheval, et, comme si sa vie en dépendait, galoppe sans s'arrêter vers Paris. Il avait déjà franchi les hauteurs qui l'environnent, et ses yeux, au lever de l'aurore, contemplaient cette ville encore plongée dans le sommeil, quand un doute vint tout-à-coup s'emparer de son esprit. Arrêtes, lui dit son génie; et, avant d'aller plus loin, songes bien, mon fils, à ce que tu vas faire. Il aurait été plus sage d'y réfléchir dans Ascalon. Tout ce qui se passait dans la tête de Huon ne t'en a guère, il est vrai, laissé le loisir; mais parlons l'un et l'autre sans déguisement. Tu aurais dû, dès-lors, opposer plus de résistance à sa volonté; car, entre nous soit dit, cette ambassade n'a pas le sens commun : elle est de nature à déplaire, au suprême degré, à l'empereur qui nous en veut déjà depuis long-tems : en un mot, ce serait fâcheux pour la riche cassette. Ne nous le dissimulons pas ; avec cette poignée de poils de chèvre et ces dents prises je ne sais dans quelle gueule, ton excellence fera fort peu d'impression. Si le seigneur Huon entrait en personne, ayant à ses côtés la fille du calife, suivi d'une nombreuse et magnifique escorte de gardes du corps ; s'il portait lui-même la parole, et qu'avec l'air et le ton qui conviennent à un chevalier et à un duc et pair, il offrît ses présens sur un coussin de velours rouge, orné de franges et de houppes d'or, cela pourrait réussir. La pompe de la marche, son éclat, la beauté de la fille du sultan, appuyée sur le bras de son orgueilleux époux ; tout, en un mot, contribuerait à confirmer la vérité du récit qu'il ferait. Charles n'aurait rien à répondre, puisque la preuve serait sous ses yeux et dans ses mains : le chevalier ayant, en homme d'honneur, rempli ses engagemens, demanderait librement ce qu'aucune justice ne peut lui refuser. Tout est perdu, ami Schérasmin, si tu n'es pas plus sage que celui qui t'envoie. — Hé bien, que faut-il faire ? que me conseilles-tu ? — De décamper, sans rien dire, avec ta petite cassette, avant que personne te voie, et d'aller, au grand trot, droit à Rome, l'asyle de tout bon chrétien, où, suivant toute apparence, ton maître arrivera dans peu.

Tel fut le discours du bon génie de Schérasmin. L'écuyer, après y avoir mûrement réfléchi, n'ayant rien à répondre, tourne incontinent le dos à la bonne ville de Paris, pique des deux, franchit les Alpes, arrive à Rome, et vole droit à Letran. Il questionne sur son maître l'homme qui veille à l'entrée, puis tous les valets; mais personne ne peut lui rien dire du chevalier Huon. Il parcourt en vain toute la ville, va de maison en maison, d'église en église, d'hôpital en hôpital, et le dépeint de la tête aux pieds à ceux qu'il y rencontre : peines inutiles! il perd quatre mortelles semaines, puis deux encore, dans de vaines recherches: il ne se permet de repos ni jour ni nuit, non plus qu'à ceux qu'il a chargés du soin de chercher son prince. Enfin, las d'attendre, il articule un *ventresingris*, à la mode chez les Basques, et jure de courir après son chevalier, en habit de pèlerin, tant que terre le portera. Qu'a-t-il de mieux à faire? Il avait dépensé tout son argent, et il aimerait mieux se faire hacher que de toucher à une seule des perles de la cassette; elle est, avec raison, d'un prix inestimable aux yeux de son maître, puisqu'il la tient d'Oberon. D'ailleurs, on n'exige d'un pèlerin ni or ni argent, et pour payer la moitié du monde, il ne lui faut que des coquilles et des litanies.

Durant deux ans et plus, l'infatigable et fidèle vieillard parcourt, en mendiant, l'univers en tous les sens. Il s'arrête dans chaque port, dans chaque île, et s'informe par-tout, mais vainement, de son maître et de sa dame. Enfin son étoile, et un secret pressentiment qui nourrit ses espérances, le conduisent à Tunis, devant la porte du vieux jardinier. Fatigué et affaibli par un long jeûne, il s'assied sur un banc de pierre, et bientôt une esclave lui apporte un peu de pain et de vin; elle le regarde avec étonnement; la robe brune dont il est revêtu attire son attention; il la considère à son tour, et tous deux se reconnaissant soudain, se jettent dans les bras l'un de l'autre, en poussant un cri d'effroi et de ravissement. Est-ce toi, Fatmé? s'écrie le vieillard transporté, en appuyant sa joue contre sa joue baignée de larmes. Est-il possible? ah! depuis long-tems Schérasmin avait perdu cet espoir. Est-il possible que nous nous retrouvions à Tunis? quel vent vous a poussée sur cette terre de payens? Huon, Amanda, où sont-ils? Ah! Schérasmin, dit Fatmé en fondant en pleurs, ils sont..... malheureuse que je suis! ne me le demandes pas!.... Que dis-tu? s'écrie Schérasmin. Dieu puissant! préserves-les! Parles : que sont-ils devenus?..... — Ah! ils sont....... — Elle n'en peut dire davantage : les sanglots étouffent sa voix. — Ils sont..... O Dieu! dit le vieillard, sanglotant lui-même comme un enfant : à la fleur de leur âge! cela est trop cruel! Depuis long-tems je tremblais pour eux : ah! Fatmé, l'épreuve était trop difficile!

Dès que la bonne nourrice eut repris ses sens, elle lui fit le récit douloureux et circonstancié de tout ce qui s'était passé depuis son départ pour la France, jusqu'à cette nuit affreuse où, entraînée par la violence de son amour, et guidée par la seule lueur des éclairs, Amanda s'était fait jour au travers des matelots, et après avoir enlacé ses bras dans ceux de son amant, s'était précipitée, avec lui, au milieu des flots irrités. Après ce triste rapport, ils restèrent encore une heure assis l'un auprès de l'autre à se rassásier de plaintes et de larmes, à chanter les louanges que leur inspirait leur tendresse pour le plus beau couple qui jamais ait fait l'ornement du monde. Non! s'écriait souvent Fatmé, jamais je ne

reverrai une femme semblable à celle que j'ai perdue !
Et moi, disait Schérasmin du même ton, jamais je
ne me retrouverai auprès d'un prince comparable au
fils de Sigevin ! Enfin, après s'être fait raconter cet
événement trois fois au moins, une faible lueur
d'espérance, qu'il embrasse avidement, lui fait penser
que peut-être ils sont sauvés : plus il y réfléchit, et
moins il peut croire qu'Oberon ait voulu les abandonner pour toujours. Il entrevoit un dessein, un
plan secret dans tout ce qu'il a fait pour eux.
Ranimé par ce faible espoir qui luit à ses yeux comme
une lumière éloignée au milieu des ténèbres, il se
résout à ne plus se séparer de Fatmé, et, réunis tous
deux par les mêmes peines, d'attendre à Tunis l'arrêt
du destin. Par les conseils de la nourrice, il change
son habit de pèlerin et son bâton contre la bêche et
le vêtement d'un esclave; caché sous ce déguisement,
le vieil écuyer travaille à la journée dans les jardins
du roi.

Tandis qu'ils arrosent tous deux de leurs larmes
les parterres qu'ils cultivent, comme s'ils étaient les
tombeaux de ceux qui leur sont si chers, Huon voit
avec douleur le printems renaître pour la troisième
fois, depuis que le destin, pour l'éprouver sans
doute, l'a relégué dans cet hermitage, où, pour lui,
l'horreur se mêle aux charmes de la nature. Il ne
peut bannir de son cœur héroïque le désir de reparaître
dans le monde avec le pouvoir et l'éclat qui conviennent à sa naissance. Son fils, qui paraît réunir aux doux
attraits de sa mère la vigueur paternelle, et qui,
suspendu en ce moment au cou de cette femme
céleste, semblait destiné par la nature à d'autres

CHANT NEUVIEME.

travaux qu'à parcourir les bois la hache sur l'épaule, ce fils si cher est encore pour lui un surcroît de douleurs. Et toi aussi, aimable Amanda, ton bon génie t'observe quand, abandonnée par le sommeil, tu pleures dans le silence des nuits. Vous sentez profondément tous les deux que, dans la fleur de votre jeunesse, cette vie solitaire ne doit pas être votre partage. Vous sentez, dans vos ames, cette force qui engendre de grandes actions, et vous cherchez, en vain, une carrière digne de vous, un vaste théâtre sur lequel vos vertus puissent paraître dans tout leur jour. Vainement ils s'efforcent de cacher au bon vieillard les larmes qui s'échappent de leurs yeux; leur sourire ne l'abuse pas, il lit dans leurs cœurs. Bien que ce monde ne soit plus rien pour lui, il se met aisément à leur place ; il partage les regrets qu'ils éprouvent sur leurs pertes, sur les avantages auxquels leur naissance les appelait : il est loin de blâmer les pleurs qu'ils répandent, et que, par égard pour lui, ils voudraient dissimuler. Il emploie tous ses soins à les consoler, à les ranimer, à leur faire entrevoir la douce espérance.

Un soir, le travail étant fini, tous trois étaient assis sur un banc de gazon devant la cabane. Amanda avait son fils sur son sein. Ils se reposaient en admirant la magnificence du ciel pur et parsemé d'étoiles; leurs yeux levés vers lui se promenaient, avec effroi, sur cette immensité miraculeuse, et remerciaient, en silence, leur créateur. Le pieux vieillard, d'une voix plus touchante que de coutume, parla de cette vie mortelle comme d'un vain songe, et de son désir d'entrer dans la véritable. On eût dit qu'un souffle descendu du haut de l'empirée l'attirait doucement vers les sphères célestes tandis qu'il parlait. Amanda se sent pénétrée, les larmes roulent dans ses yeux, une partie de l'avenir semble se dévoiler à ses regards. Déjà, de ces rives lointaines, continua le vieillard, l'éternité me tend les bras ; je touche au terme de ma carrière ; la vôtre commence à peine : de nombreuses afflictions et des plaisirs bien vifs aussi vous attendent; mais ceux-ci ne servent souvent qu'à préparer à de plus grandes peines, tandis, que sans vous en appercevoir, vous approchez du but. Les afflictions et les plaisirs passent; ce ne sont plus que de vains songes, et rien ne nous reste au-delà de cette vie, rien que le trésor précieux que vous amassez dans votre cœur, la vérité, la bonté, la paix intérieure et le sentiment profond que ni les plaisirs ni les peines n'ont pu vous faire renoncer à vos devoirs. Il parla long-tems encore, et lorsqu'ils se retirèrent pour jouir enfin des douceurs du sommeil, il leur sembla que ce digne vieillard les pressait contre son cœur plus tendrement que jamais : et lorsqu'il les quitte, des larmes brillent dans ses yeux attendris.

Cette même nuit, effrayée par les sombres pressentimens d'un avenir fâcheux, Titania éleva ses yeux vers le ciel : elle y lut, et les roses de son teint s'évanouirent. Elle appela la plus chère de ses compagnes, pour examiner avec elle les malheurs sans nombre que l'étoile d'Amanda présageait à cette infortunée. Tout-à-coup, s'enveloppant d'ombres épaisses, elle vole aux lieux où, près de son fils, reposait la fille des rois. Son sommeil était souvent interrompu par de noirs soucis. Pour imposer silence au trouble qui l'agite, Titania la touche de sa baguette de roses, enlève l'enfant sans qu'il s'en apperçoive, et revenant avec sa belle proie, elle dit aux graces qui la servaient : vous voyez quelle étoile funeste est suspendue sur la tête d'Amanda. Hâtez-vous, sauvez cet enfant, cachez-le dans le plus beau de mes bosquets, et soignez-le comme s'il était mon propre fils. Après ces mots, elle détache trois boutons de la couronne de roses qui ceint son front, en donne un à chacune de ses suivantes, et leur dit: partez, déjà l'aurore commence à poindre: exécutez fidèlement mes ordres, et tous les jours, à toutes les heures, regardez vos roses; quand vous les verrez changées en lys, ce sera la preuve que je serai réconciliée avec Oberon, et que nos liens se seront renoués de nouveau. Alors, sans différer, amenez-moi ce jeune enfant; car les malheurs de sa mère seront finis ainsi que les miens. Les nymphes s'inclinèrent, et, portées sur un nuage léger, disparurent, emportant avec elles le fils de Huon.

L'aurore est à peine levée, qu'agitée par des désirs mêlés d'inquiétude et d'effroi, Amanda cherche son époux, dont la demeure, durant la nuit, est située dans le creux d'un rocher, loin de celle d'Alphonse et de la sienne : elle le cherche avec tant d'empressement, qu'avant de partir (et c'est la première fois depuis qu'elle est mère), elle oublie de regarder son fils, qui n'a pas d'autre lit que le sien, son fils, qu'elle croit encore enseveli dans les bras du sommeil. Elle trouve son époux errant dans le jardin, et tous deux, se cachant mutuellement leurs inquiétudes, dirigent leurs pas vers l'asyle du bon vieillard. Oh combien est agité le cœur d'Amanda, alors qu'elle approche de sa couche! Il est étendu sans vie, ses deux mains sont posées sur son cœur; la pâleur regne sur sa figure, mais ses traits n'ont rien perdu de leur noblesse; la vertu s'y montre encore, et l'on n'y voit nulle trace de douleurs. Il dort sans doute, dit Amanda, et de sa main elle touche légèrement la sienne : la sentant froide et privée de mouvement, elle se précipite, avec une douleur muette, sur ce corps inanimé; elle inonde de ses larmes le visage du vieillard : ô mon père ! s'écrie-t-elle enfin, tu nous a donc abandonnés ? Puis elle se relève et se jette dans les bras de Huon. Plongés tous deux dans un silence respectueux, ils se rassasient du douloureux plaisir de répandre des pleurs, et, prêts à quitter ce corps glacé, ils impriment plus d'une fois sur sa main le dernier tribut de leur amour; ils ne peuvent s'en arracher, et restent comme enchantés devant cette image vénérable et chère. Jamais leur ame ne fut remplie d'une telle émotion. On eût dit qu'ils voyaient sur son visage l'aurore d'une nouvelle vie, et briller autour de son front une lumière céleste, destinée à transformer son enveloppe mortelle en un corps aérien, et sur ses lèvres muettes, qui semblent ne s'être fermées qu'après les avoir bénis pour la dernière fois, ils crurent voir regner un doux et léger sourire.

Ne te semble-t-il pas c... ae à moi, chère Amanda, s'écrie Huon d'un air exalté et les regards dirigés vers le ciel, qu'un rayon de la vie future pénètre dans ton ame ? Jamais je n'ai si bien senti toute la

CHANT NEUVIEME.

dignité de la nature humaine! jamais cette vie terrestre ne m'a paru, comme en ce moment, un passage ténébreux, fait seulement pour conduire au séjour de la lumière! jamais, dans mon sein, tant de force pour le bien ne s'est manifestée! jamais je ne fus aussi disposé à toute espèce de sacrifice et de combats, et prêt à supporter, avec fermeté, toutes les épreuves auxquelles on voudra me soumettre! Courage! ô ma bien-aimée! tout cruel qu'est le sort qui nous menace encore, nous approchons du terme de nos maux. Rien ne doit nous abattre, rien ne doit amortir notre foi! Telles furent ses paroles, tandis qu'ils s'éloignaient de ce lieu sacré, et le destin mit aussi-tôt leur courage à l'épreuve.

A peine sortis de la cellule, grand Dieu! quel aspect s'offre à leurs yeux? dans quel monde nouveau sont-ils transplantés? Leur Elysée, le bocage, la prairie, tout a disparu. Ils demeurent immobiles. Est-il possible? quoi! il n'en reste pas même de traces? Ils sont sur le bord d'un précipice: par-tout où se portent leurs regards craintifs, ce ne sont que d'énormes roches fracassées et suspendues sur leurs têtes. Plus de gazon là où naguère était leur jardin! que sont devenus ces charmans bosquets et ce sombre bois, retraite chérie des rossignols? Il ne reste plus rien qu'un affreux amas de rochers raboteux, noirâtres et difformes! Mais à quel nouveau malheur doit donc les préparer ce spectacle effrayant? Ah! s'écrient-ils, en levant vers la demeure céleste du saint vieillard leurs yeux chargés de larmes et d'ennuis, ce n'était que pour lui seul que le printems parait ces montagnes; c'est pour lui seul que cet

Eden fut formé ; ce n'est qu'à cause de lui que nous en avons joui : il nous a quittés, et le destin et la nature nous poursuivent de nouveau !

Je m'attends à tout, s'écrie Amanda, en retenant un soupir prêt à s'échapper..... Infortunée ! le jour qui amène tant de malheurs, ne t'a pas encore montré le plus affreux de tous! Elle court à son fils, qu'elle croit avoir laissé, il n'y a qu'un moment, plongé dans un doux sommeil. C'est sa dernière, son unique consolation. Appuyée sur le bras de son époux, elle va courageusement au-devant des coups du sort. Elle vole au lit où près d'elle il couchait, et soudain, comme frappée de la foudre, elle recule. L'enfant n'y est plus ! la couche est vide ! Eh quoi! est-il sorti? a-t-il trouvé la porte ouverte? a-t-il cherché sa mère? O Dieu! si un malheur lui est arrivé? affreuse idée! mais peut-être s'est-il sauvé dans le jardin ? C'est ainsi que ses pensées flottent entre la crainte et l'espérance. Dans le jardin? ah! le jardin n'est plus qu'un monceau de ruines ! Elle s'élance hors de la cabane, et ses lèvres tremblantes appellent à grands cris l'enfant. Attiré par ses cris, le père cherche en vain à lui donner des consolations dont il a besoin lui-même. Il l'assure qu'elle va le retrouver parmi les rochers. Depuis deux heures ils cherchent, et leurs peines sont infructueuses. C'est vainement qu'ils errent en criant à haute voix, qu'ils s'enfoncent dans toutes les crevasses et dans tous les halliers, qu'ils pénètrent dans les cavernes les plus profondes, avec le triste et douloureux espoir d'y rencontrer du moins son tombeau. Ah ! leurs yeux ne peuvent découvrir la moindre trace de ce fils adoré, et l'écho des rochers ne répète que leur voix. Ce hasard incompréhensible, par lequel un enfant de son âge se perd dans un lieu où ne sont à craindre ni les bêtes farouches, ni les hommes souvent plus barbares qu'elles, redouble leur angoisse et nourrit en même-tems leur espoir. » Ah ! sans doute il s'est échappé, et las d'avoir marché, il se sera endormi sur une roche, enveloppé dans son innocence «. Ils parcourent de nouveau toute cette vaste chaîne de rochers, examinent d'un œil curieux tous les recoins, tous les buissons qui peuvent le recéler. L'inquiétude et l'espoir invraisemblable de le trouver vivant dans ces lieux, les entraîne jusqu'au rivage de la mer, où tous les deux se séparent sans s'en appercevoir, et se perdent parmi d'épais buissons et des dunes formées par des sables amoncelés.

Soudain un son nouveau frappe l'oreille attentive d'Amanda. Elle croit entendre le bruit confus de plusieurs voix ; mais ce bruit cesse, et comme elle était peu distante d'une cascade qui du haut d'une roche se précipitait sur le rivage avec un fracas assourdissant, elle se dit qu'elle s'est trompée. Son cœur n'a le pressentiment d'aucun danger, la vie de son fils est son unique pensée ; mais à peine elle a fait le tour d'une colline située près de la cascade qu'elle se voit avec effroi environnée d'une troupe d'hommes basanés, et qu'elle apperçoit dans la baie derrière un rocher élevé un bâtiment à l'ancre.

Ces barbares avaient depuis peu relaché dans cet endroit pour s'approvisionner d'eau, et ils y travaillaient encore quand Amanda qui marchait à pas précipités s'offrit soudain à leurs yeux. Rencontrer dans ces lieux déserts, et qu'évite avec soin le prudent nautonier, une jeune personne semblable à une déesse, et dont la beauté fait honte à toutes les autres, les rend immobiles de surprise. La vue de tant d'attraits adoucit un peu ces ames grossières ; des tigres se seraient couchés à ses pieds, mais ceux-ci restent insensibles. Ce sont des Pirates dont l'esprit lourd, mais avide, calcule froidement la valeur numérique des plus belles femmes. Qu'elles soient de marbre ou de chair, n'importe. Le prix du marché en décide comme de toute autre marchandise. Nous tenons, dit le Capitaine, dix mille pièces d'or d'un seul coup de filet. Allons, enfans, saisissez-la ; une figure comme celle-ci nous vaudra dans Tunis plus que vingt riches ballots. Le Roi, vous le savez, fait grand cas des oiseaux de cette espèce, et dans son harem il n'en est aucun qui égale en beauté celui-ci malgré son air farouche, et la Reine Almansaris, toute belle qu'elle soit, est à peine digne de lui verser à boire. O comme le Sultan va brûler en la voyant ! le hasard, il faut l'avouer, ne pouvait mieux nous servir.

Tandis que le Capitaine parlait ainsi à son équipage, Amanda s'arrête et réfléchit quelques instans sur le parti qu'elle doit prendre. Si ces gens, dit-elle, sont des ennemis, la fuite ne peut m'être d'aucun secours, ils sont trop près de moi. Peut-être aussi parviendrai-je à les toucher par mon courage et mes prières. Allons, et parlons leur avec confiance comme à des amis et à des sauveurs que le ciel nous envoie. Leur arrivée dans ce lieu est peut-être un bonheur pour nous. Alors, avec cet air calme que donne

CHANT NEUVIEME. 175

l'innocence, la belle et noble Amanda s'avance d'un pas ferme vers les pirates; mais ils sont sourds à ses prières. Ce doux langage qui parle à tous les cœurs ne fait aucune impression sur ces ames de bronze. Le Capitaine fait un signe, on l'entoure, on la saisit, et la troupe se hâte d'embarquer sa proie. A ses cris déchirans que répètent les rochers, Huon plein d'effroi descend de la forêt et vole à son secours; et bientôt hors de lui, les arbres ne lui cachant plus le malheur qui le menace, il s'arme de la première branche qui s'offre à lui et se précipite comme la foudre sur ces barbares. La fureur du Tigre s'empare de lui, alors qu'il voit son épouse chérie, les bras ensanglantés se débattre au milieu de ce vil ramas de brigands; la branche de chêne devient aussi-tôt une arme terrible dans ses mains. Ses coups pesans tombent comme la grêle sur les têtes et les épaules. Des étincelles jaillissent de ses yeux, on le prendrait pour un immortel! déjà sept Maures ont mordu la poussière.

La consternation, la honte, la colère et la crainte de se voir enlever par un seul homme une si belle proie, aiguillonnent le courage de ceux qui restent, ils s'élancent sur Huon qui tant qu'il peut agir de ses bras se défend avec fureur; mais enfin son bâton lui échappe des mains, et la foule qui l'assiege le saisit et le renverse par terre malgré les coups qu'il leur porte de tous côtés et les morsures qu'il leur fait dans sa rage. Amanda qui croit qu'on va l'égorger pousse un cri vers le ciel et tombe en faiblesse. On l'emporte dans le vaisseau, tandis que ceux du rivage, ne respirant que la fureur et la vengeance, se pressent autour du vaincu. Lui donner la mort sur-le-champ leur semblerait de la clémence ; non, s'écrie le Capitaine, qu'il vive pour sentir plus long-tems les horreurs de la mort ! on l'entraîne dans le fond de la forêt, loin du rivage pour que ses cris ne puissent être entendus par personne ; on l'attache à un arbre par les bras, les jambes, le cou et la ceinture. Accablé sous le poids de sa misère, l'infortuné lève en silence les yeux vers le ciel, et la troupe vogue vers Tunis avec son beau butin, en poussant des cris de joie.

CHANT DIXIEME.

Situation cruelle de Huon. Oberon commence à s'attendrir. Arrivée miraculeuse du Chevalier à Tunis. Fatmé lui apprend qu'une belle inconnue vient d'être renfermée dans le sérail d'Almansor. Huon se fait Jardinier.

Déja le jour baisse et la nuit qui n'est plus dans ces lieux la confidente des doux épanchemens de l'amour et de l'amitié, déploye avec tristesse et compassion ses voiles les plus sombres autour de cette île déserte où regne le silence, où le lever de l'aurore ne sera plus accompagné des chants de la joie. Il n'y reste plus qu'un malheureux séparé de tout ce qu'il aime, et destiné par sa patience à détruire l'effet du serment le plus terrible. Enveloppée d'un nuage, Titania l'entend pousser à longs intervalles des gémissemens dans la forêt ; elle voit cet infortuné que consume une sombre douleur ; elle pleure et s'enfuit : car hélas, c'est vainement que son cœur s'ouvre à la pitié ! le destin cruel la repousse sitôt qu'elle veut s'approcher de lui. Elle fuit, et jetant un dernier regard sur ce rivage qui lui fut cher un jour, dans le sable elle apperçoit un anneau d'or. En luttant contre les pirates, Amanda l'avait laissé échapper de son doigt. Titania s'en saisit, et reconnaît le talisman devant lequel se prosternent tous les génies. Bientôt, s'é-crie-t-elle transportée de joie, la volonté du destin sera remplie : bientôt, ô mon bien-aimé ! les astres vont te rendre à mon amour ! Ce fut cet anneau qui nous unit ; il va, dans peu, te couronner, pour la seconde fois, comme souverain de mon cœur.

Cependant les corsaires s'empressent, dans le vaisseau, à rappeler à la vie Amanda tombée en faiblesse. Ses yeux, accablés de douleur, commencent à peine à s'ouvrir, que le capitaine, prosterné à ses genoux, la conjure de ne pas donner un plus long cours à ses ennuis. » Je suis l'unique artisan de ton bonheur, lui dit-il ; dans peu tu seras notre reine. Bannis toute crainte, ne vois en nous que des défenseurs et des esclaves soumis à tes ordres. O la plus belle des femmes ! Almansor est seul digne de te posséder, car il t'égale en beauté. Crois-moi, le premier regard le fera tomber dans tes chaînes, et tu le verras avec plaisir à tes pieds «. Il dit ; et voulant éloigner d'elle tous les soupçons, il lui présente un riche voile pour couvrir ses appas. » La mort, continua-t-il avec des yeux et une voix qui firent trembler tout l'équipage, la mort sera le partage du téméraire qui oserait seulement toucher ce voile sacré. Considérez-la, désormais, comme un trésor dont notre souverain est déjà le maître «. Après ces mots, il se retire à reculons, en fléchissant le genou, afin de la laisser reposer sans trouble.

Sourde aux discours du corsaire, Amanda reste immobile ; elle est anéantie par son malheur ; sa tête est appuyée sur ses mains, et ses genoux soutiennent ses coudes ; ses yeux sont fixes et sans larmes : sa douleur est trop profonde pour qu'elle puisse l'exprimer, et son cœur magnanime, trop faible maintenant pour la supporter. Ce dernier coup l'accable; elle succombe, mais elle succombe sans se plaindre. Elle cherche autour d'elle des consolations, et n'en trouve pas : autour d'elle tout est vide, tout est sombre comme la nuit; c'est l'emblême de son ame. L'univers s'est transformé en une caverne de brigands : elle porte ses regards vers le ciel, et le ciel n'a plus ni anges ni consolations à lui offrir! Au bord de l'abîme du désespoir sur lequel elle penche, il n'est plus que la mort qui la soutienne. Cette dernière, cette fidelle amie des malheureux, lui tend sa main décharnée : elle descend, avec elle, dans le royaume tranquille des ombres, séjour où se taisent toutes les peines et toutes les douleurs, où les ames libres ne sont plus blessées par des chaînes, où les événemens de ce monde s'évanouissent comme les rêves de l'enfance, où rien enfin ne nous reste que notre cœur. C'est dans ce lieu seul qu'elle retrouvera tout ce qu'elle aimait. Elle est étendue comme un agneau qui perd tout son sang : elle soupire après son dernier moment; mais Titania s'approche, durant le silence de la nuit, pour lui donner quelques consolations. Une abondante rosée de pavots ranime le cœur abattu de la belle infortunée, et peu-à-peu endort tous ses sens. Alors la reine des génies se montre à elle en songe dans tout son éclat.

»Prends courage, lui dit-elle, ton fils et ton époux respirent encore, et ne sont pas perdus pour toi. Reconnais-moi! quand tu me reverras pour la troisieme fois, le serment d'Oberon sera rempli par votre fidélité; vos peines seront finies, et vous jouirez d'un bonheur égal au nôtre«. Après ces mots, la déesse se dérobe à ses regards, mais elle laisse long-tems encore après elle un doux parfum de roses. Amanda s'éveille, et reconnaît au parfum et à l'éclat qui ne s'est qu'insensiblement dissipé, cet être divin qui l'a si miraculeusement secourue dans la grotte. Pénétrée et confuse de cette nouvelle marque de protection, son cœur reconnaissant accepte en tremblant ce gage de la vie de son fils et de son époux, et s'abandonne à sa destinée. Ah! si elle savait ce que, pour son bonheur, elle ignore; si elle savait quelle épouvantable nuit a passé son malheureux ami, attaché par sept tours de cordes au tronc d'un chêne, oh! combien son cœur serait brisé! Et ce génie bienfesant, aux yeux pénétrans duquel rien n'est obscur, que fait-il?

Assis près des sources du Nil, sur la cime d'un rocher que n'atteignent jamais les nuages, où regne l'air le plus pur, il tourne ses sombres regards vers cette île où le guerrier languit. Malgré l'espace immense qui l'en sépare, ses gémissemens parviennent jusqu'à lui. Il contemple l'étoile du matin, et s'enveloppe, en soupirant, dans ses vêtemens. De la foule des esprits qui l'accompagnent, celui dans lequel il a placé sa confiance s'avance et l'aborde. Pâle et dépouillé de son éclat, le sylphe le regarde en silence: ses yeux seuls demandent à son roi la cause du chagrin qui l'accable. Le respect lui défend de l'interroger hautement. Regardes! ait Oberon; et, dans un nuage ailé qui passe devant lui, il montre comme dans une glace au génie troublé, l'image de l'infortuné paladin.

CHANT DIXIEME.

Plongé dans la douleur la plus profonde, et le cœur déchiré, il est abandonné, attaché dans cette forêt déserte, et se meurt au milieu de longs et cruels tourmens. Dans cet état désespéré, son ame exhale encore ce sentiment de colère. »Ai-je donc mérité cet excès d'infortune? Amanda l'a-t-elle mérité? notre misère n'est-elle qu'un jeu pour les êtres placés au-dessus de nous? Comme tout est tranquille autour de moi! pas un être qui prenne part à mes maux innombrables! qui souffre de me voir souffrir! Le sable est déplacé par les flots, les arbres se dépouillent de leurs feuilles, et ce n'est pas pour moi! Il ne faudrait qu'un caillou tranchant pour couper mes liens, et, dans le vaste espace du tems, pas une main ne s'offre pour lui prêter le mouvement! Cependant, si tu voulais mettre fin à mon martyre, ô toi! qui m'as si souvent arraché au trépas dans des momens où je l'espérais le moins, un seul de tes regards suffirait pour donner à toutes les branches de cette forêt la puissance de me délier«. Ces mots, inspirés par le ciel, sont suivis d'un saint frisson : les cordes tombent; il chancelle, et, dans sa chûte, il est soutenu par un bras invisible : c'était celui du sylphe auquel Oberon avait fait lire dans une glace l'histoire des deux amans. Profondément attendri par ce triste spectacle, le fils de la lumière s'était précipité aux pieds de son maître en lui disant: »Tout coupable qu'il est, toi qui l'aimes, peux-tu fermer ton cœur magnanime à la compassion que sa situation inspire«?

»Les enfans de la terre, répondit Oberon, sont

aveugles pour l'avenir : moi-même, tu le sais, je ne suis qu'un agent du destin. Élevé au-dessus de nos têtes, il fournit sa carrière, enveloppé d'une sainte obscurité ; et nous, entraînés par une force secrète, il nous faut le suivre dans les ténèbres, soit volontairement, soit contre notre gré. De cet abîme qui me sépare de Huon, il ne m'est plus permis de lui rendre qu'un seul service. Voles vers lui, fais tomber ses liens, et transportes-le sur-le-champ à Tunis, devant le seuil de la porte du vieil Ibrahim, à qui le soin des jardins du serrail est confié : poses-le sur le banc de pierre placé devant sa demeure. Gardes-toi sur-tout de te rendre visible à ses yeux, et de lui dire un seul mot. Pars et reviens promptement «.

Le sylphe vole avec la rapidité de la flèche. Il arrive près de Huon, détache ses liens, le charge sur ses épaules, et, planant au-dessus des terres et des mers, le transporte au travers des plaines de l'air jusqu'à la porte du vieil Ibrahim. Là, secouant ses vigoureuses épaules, il le pose sur le banc aussi doucement que sur la plume. Cette aventure semble un rêve au bon chevalier. Pour s'en assurer, il regarde, avec étonnement, autour de lui, et tout ce qu'il voit contribue à l'affermir dans sa croyance. Où suis-je ? se demande-t-il ; et il craint de s'éveiller. Cependant, non loin de lui, un coq chante, puis un second, et bientôt après un troisieme. Le silence fuit, les portes d'or du ciel s'ouvrent, le dieu du jour paraît, tout s'agite et se remue autour de l'humble demeure du jardinier. On entend gémir la porte sur ses gonds : il en sort un grand homme à barbe grise, mais dont les joues sont fraîches et colorées ; une bêche est dans sa main. Tous deux se regardent à-la-fois. O prodige incroyable ! sire Huon reconnaît son fidèle vieillard sous l'habit d'un esclave; le bon Schérasmin revoit son digne maître, dont il croyait avoir à pleurer le trépas, dans un équipage qui n'annonçait pas le bonheur. » Est-il possible que nous nous retrouvions en ces lieux «? Ivre de joie, le digne vieillard embrasse les genoux du prince, et arrose sa main de ses larmes. Huon se penche jusqu'à terre pour le serrer étroitement dans ses bras ; il le relève, et couvre son visage de baisers.

Dieu soit loué ! s'écrie Schérasmin, je sais maintenant que vous vivez ! Quel bon vent vous amène sur le seuil de cette porte ? Mais ce lieu n'est point fait pour un tel récit : venez, mon cher maître, venez dans ma cellule avant que personne ait pu nous voir ensemble. Dans tous les cas, lui dit-il à voix basse, vous serez mon neveu Hassan, un jeune marchand d'Alep, curieux de connaître le monde, et récemment échappé d'un naufrage qui ne vous a rien laissé que la vie. Hélas oui ! dit le chevalier en soupirant, il ne me reste que la vie, et je ne puis la regarder comme un bienfait. Tout cela se réparera, répond Schérasmin, en le poussant dans sa cellule, où il s'enferme avec lui. Il le fait asseoir, et lui présente tout ce qu'il a de meilleur dans son petit buffet, du pain, des olives et du vin. Puis le plaçant à ses côtés, il le conjure de prendre courage.

» Mon cher maître, lui dit-il, après tous les tours que nous a joués la fortune, puisqu'enfin nous nous retrouvons si miraculeusement devant la demeure du jardinier Ibrahim, croyons que le dessein d'Oberon est de nous réunir tous ensemble les uns après les autres. Il est vrai qu'Amanda nous manque encore ; mais, pour gage de son retour, nous possédons déjà la nourrice. Que dis-tu, s'écrie Huon, transporté de joie ? Elle est esclave de ce même Ibrahim, auprès duquel je sers, reprend Schérasmin. Oh ! combien cette bonne femme aura de plaisir à vous revoir ! Et il lui raconte tout ce qu'il a fait et souffert en différens tems, les motifs qui l'ont déterminé à s'éloigner de Paris, sans avoir exécuté ses ordres : enfin toutes ses aventures et celles de Fatmé. Je n'ai point oublié, ajouta-t-il, et le ciel en soit loué ! la cassette dont le beau nain vous fit don dans Ascalon : elle est intacte ; mais, à ce que je vois, la coupe et le cor se sont envolés.... Pardon, mon cher maître, je touche l'endroit sensible ; j'ai tort, sans doute, de m'exprimer si librement. La joie que je ressens de vous avoir retrouvé m'en fait dire plus que je ne le voudrais ; mais vous connaissez mon cœur : je me tais «.

Le noble guerrier saisit la main du bon vieillard, et la serre dans les siennes. » Ami, dit-il, je connais ta fidélité : tu sauras tout : je ne veux rien te déguiser ; mais, auparavant, j'ai besoin de tes conseils. Cette cassette, que tu m'as conservée, est riche en bijoux ; ne crois-tu pas que le meilleur emploi que j'en pourrais faire serait de me procurer incontinent un cheval, une lance ; en un mot, l'armure d'un chevalier ? Il n'y a pas douze heures encore que des brigands m'ont enlevé mon Amanda; ils l'ont enlevée tandis que j'étais seul avec elle, et sans armes, sur un rivage désert. Ils la conduisent peut-être dans ces contrées, ou bien à Fez, à Maroc, dans un lieu, sans doute, où ils sont sûrs d'en tirer un grand profit; mais quand je devrais parcourir le monde entier, il ne sera pas dit qu'un harem me privera du trésor le plus cher à mon cœur « !

Le vieillard, après quelques instans de réflexion, lui dit : la contrée où vous étiez n'est donc pas fort loin d'ici? Elle en est peut-être à mille lieues, s'écria le jeune prince. J'ai été transporté par je ne sais qui, un génie sans doute ! et avec une rapidité miraculeuse, du fond d'un bois où ces brigands m'avaient attaché. Je reconnais là l'ouvrage d'Oberon, dit Schérasmin. Je le pense comme toi, reprend le guerrier, et je le regarde comme une preuve qu'il fera plus encore. Quelque cruelle que soit cette séparation, quelqu'affreux qu'il ait été pour moi de voir ma chère Amanda dans les griffes de ces monstres sauvages ; ce nouveau prodige, ami, a rempli mon cœur d'espoir et de confiance. Il serait sans ame, il aurait un cœur de pierre, il serait entièrement dépourvu de sens et indigne à jamais que le ciel daignât s'occuper de lui, l'homme qui, après avoir éprouvé la moitié des événemens de ma vie, serait encore capable de faiblesse et de doute. Je conserverai mon courage et ma foi, quand même le chemin que je vais suivre me conduirait au travers des flammes et des ondes. Cher Schérasmin, s'il est possible, procures-moi, dès ce jour même, un cheval et des armes : il n'y a que trop long-tems que je suis privé de l'un et de l'autre! J'étais, il est vrai, aux chastes côtés de l'amour..... mais maintenant qu'Amanda est loin de moi, il me semble que mon sang est engourdi et stagnant comme l'onde impure d'un marais, et qu'il le sera jusqu'à ce que j'aie arraché une si belle proie à ces indignes payens. Songes-y bien; sa vie et mon bonheur dépendent peut-être d'un seul instant.

Le vieillard lui jure qu'il va tout mettre en œuvre pour satisfaire son impatience. Mais un accident inattendu vint ralentir son zèle. Huon, fatigué par tant d'événemens arrivés coup sur coup, passa la nuit entière dans la chaleur et le délire de la fièvre. Les souvenirs qui assiegent sans cesse son esprit s'animent à ses yeux. Tantôt il croit se battre, avec acharnement, contre un essaim nombreux d'ennemis, tantôt il tombe sans forces, et presse dans ses bras le cadavre de son fils. Là, il lutte contre les flots, et ne retient que par les vêtemens sa bien-aimée prête à périr : ici, attaché au tronc d'un arbre, il la voit couverte de sang dans les mains des corsaires. La colère et les angoisses qu'il éprouve l'épuisent; il tombe sur son lit le regard fixe. Dans ce pressant besoin, son fidèle ami a fort à propos recours à sa science; car, dans ces tems, un écuyer joignait l'art de guérir au métier des armes. Schérasmin devait ses connaissances à son père; et durant ses longs voyages, il avait appris beaucoup de secrets dans le commerce des chevaliers et des sages.

Dès que la belle étoile du matin se montre au

ciel, il laisse auprès de son cher maître la soigneuse Fatmé, et vole au jardin où regnaient encore le repos et le silence. Il y cueille des herbes dont un hermite d'Oreb lui a fait connaître la puissance merveilleuse ; il en exprime le suc qu'il joint à un autre non moins salutaire. Ce mélange a la propriété d'appaiser dans un court' espace de tems la fièvre la plus violente. Bientôt un doux sommeil répand ses pavots sur le front du guerrier, et dès le quatrieme jour, graces aux boissons rafraîchissantes et sur-tout aux tendres soins de la fidélité qui veille auprès de lui, il est en état, dès que la Lune paraît, de se rendre avec son ami dans le jardin, vêtu d'un habit de jardinier.

Ils avaient à peine fait quelques tours dans les bosquets de roses plantés près de la cabane, que la nourrice, (qui rode souvent autour du Harem pour épier ce qui s'y passe) arrive avec une nouvelle plus propre que tous les remèdes du monde à ranimer les forces du convalescent; elle lui dit qu'il est presqu'indubitable qu'Amanda n'est pas loin d'eux. Où est-elle? s'écrie Huon plein de joie. Où? parles, où l'as-tu vue? — Vue? moi? je n'ai pas dit cela, Seigneur; mais je consens à mourir si ce n'est pas Amanda qui est abordée ce soir en ces lieux. Écoutez seulement ce que dans l'instant même la juive Salome, qui sort du Harem, m'a raconté pour certain. » On a vu vers le soir en pleine mer un bâtiment qui voguait avec la plus grande rapidité; un vent frais semblait enfler ses voiles ; mais tout-à-coup du sein d'un nuage élevé tombe sur lui un rayon de feu en forme de zigzag, et le navire violemment secoué par un tourbillon de vent devient en un instant la proie des flammes. Personne ne songe à éteindre l'incendie dont à chaque instant la fureur augmente: tout ce qui peut s'échapper de ce gouffre enflammé s'élance et se précipite dans la nacelle. Le vent les sépare bientôt du vaisseau, il les pousse sur le rivage; mais tout près de la plage un nouveau tourbillon soulève l'esquif, le retourne et ensevelit dans le sein des flots tous les passagers. Ils poussent des cris, invoquent en vain leur Mahom, et pressés par la crainte de la mort, ils font pour se sauver de prodigieux mais inutiles efforts. Une femme seule, sur qui le ciel daigna jeter les yeux, échappe au danger, et portée sur les vagues comme sur un char elle atteint le rivage sans accident et même sans être mouillée.

» Le Sultan était par hasard avec Almansaris sur une des terrasses du château dont la vue s'étend au loin sur la mer; ils attendaient avec crainte l'issue de cet événement extraordinaire. Un léger zéphyr paraissait conduire cette femme; cependant n'osant prendre une entière confiance dans ce prodige, Almansaris fait un signe, et cent esclaves se précipitent dans les ondes pour aller à son secours. On ajoute que le Sultan s'est rendu lui-même sur le rivage, et qu'il l'a reçue d'un Asmoglan qui la portait sur ses épaules. On n'a point entendu ce qu'il lui disait; cependant on a cru remarquer qu'il lui parlait avec intérêt; mais n'ayant ni le loisir ni la liberté de lui exprimer ses sentimens; la vivacité de ses regards a pu l'instruire de l'impression qu'elle fesait sur son cœur. Quoiqu'il en soit, continue Fatmé, il est très-certain qu'Almansaris a bien accueilli la belle étrangère et lui a dit une foule de choses plus flatteuses que sincères, et quoique ses rares attraits lui aient soumis d'abord le cœur d'Almansor, la Reine a cependant ordonné qu'on lui préparât un appartement dans son palais d'été «.

Durant le récit de Fatmé, la crainte, la joie, l'amour et la douleur se peignent tour-à-tour sur le visage de Huon. Plus il y rêve et moins il doute que ce soit Amanda. Il est évident qu'Oberon, quoiqu'invisible, dirige de nouveau sa destinée. » Allons! mes amis, parlez, conseillez-moi, que dois-je faire «? — Arracher de force Amanda des mains du Sultan, dit Schérasmin, serait une entreprise qui réussirait à peine à Roland, si toutefois il osait la tenter. Bien qu'il soit sage, ignorant ce qui peut ou peut ne pas arriver, de se pourvoir d'armes en secret, je serais d'avis avant tout d'employer la ruse. Si par exemple, ne rougissant pas de bêcher la terre, vous entriez au service d'Ibrahim en qualité de jardinier?........ Le bon homme fera d'abord de grandes difficultés, il vous examinera de la tête aux pieds, et secouera sa tête grise, je m'y attends et m'en inquiette peu. Un beau diamant a déjà arrangé plus d'une affaire; laissez-moi ce soin, Seigneur: quelles que soient les difficultés, d'ici à demain nous vous verrons couvert d'un très-joli tablier de jardinier; abandonnons le surplus au ciel et au tems! Ce projet rit au Paladin; il ne s'agit plus maintenant que de le mettre promptement à exécution, mais avec prudence.

Le vieil Ibrahim est bientôt gagné ; Huon est son neveu, c'est le fils de sa sœur, arrivé depuis peu de Damas, et extrêmement habile dans l'art de cultiver les fleurs. En un mot le Prince est accepté comme jardinier, et s'acquitte fort bien de son nouvel emploi.

CHANT ONZIEME.

Violent amour d'Almansaris pour Huon. Ses tentatives pour le séduire. Résistance du Chevalier.

L'espérance, qui de nouveau étend ses ailes brillantes sur la tête de Huon, et le flatte de revoir sous peu celle qu'il aime uniquement, lui rend bientôt tout l'éclat et la beauté de la jeunesse. L'idée seule qu'elle est près de lui, que ce doux zéphyr qui le rafraîchit voltige peut-être sur ses joues et sur ses lèvres vermeilles, que les fleurs qu'il cueille, dont il forme des bouquets ou bien qu'il tresse en couronnes pour le serrail, ornent peut-être la chevelure d'Amanda, ou bien attachées sur son beau sein répandent autour d'elle le parfum le plus doux. — Cette idée le transporte et l'enchante! ce vif incarnat que fait naître le désir et l'amour colore de nouveau son visage; ses regards lancent des traits de feu.

Dans ces climats, l'excessive chaleur oblige à consacrer le jour au sommeil et au repos; mais sitôt que le vent du soir ramène la fraîcheur, Huon, que l'amour tient éveillé, demande à toutes les ombres où est sa bien-aimée. Il sait que durant la nuit la garde veille en ces lieux, et qu'après le coucher du Soleil aucun homme n'ose se montrer dans les jardins ni sur les terrasses. C'est alors que les Sultanes, à la douce et faible clarté du crépuscule, parcourent les allées fleuries, tantôt deux par deux, tantôt les unes derrière les autres. Souvent le chant, les instrumens et la danse abrègent la nuit rapide ; elles vont ensuite se baigner dans une grotte paisible dont Almansor lui-même n'ose jamais approcher, tant les loix de la bienséance sont sévères en ces lieux.

Pour voir Amanda qu'il croit dans le serrail, notre Paladin ne néglige aucun moyen. Il était déjà resté dans les jardins plus long-tems que la loi ne le permettait. Plein d'inquiétudes il avait même passé trois nuits caché dans un bosquet qu'il fallait traverser en sortant du Harem : il avait veillé, observé, épié ; mais hélas ! il n'avait pas vu sa chère Amanda. Vainement Fatmé, Ibrahim et Schérasmin s'étaient prosternés à ses genoux pour le conjurer de ne pas exposer ainsi et sa vie et la leur ; mais le char du Soleil roulant à son gré trop rapidement il voulut encore s'y rendre pour la quatrieme fois et justement à l'heure la plus dangereuse. A peine avait-il fait le tour d'un bosquet qu'il vit Almansaris à ses côtés.

Accablée par l'excessive chaleur du jour, elle allait, appuyée sur une de ses femmes, respirer le parfum doux et frais d'un bosquet d'orangers. Une tunique légère et d'un tissu si délicat qu'on l'eût pris pour l'ouvrage de l'industrieuse Arachné, formait une ombre autour de son corps ; un ruban d'or était noué au-dessous de son sein, qui semblait impatient de rompre l'enveloppe transparente qui le couvrait. Non, jamais la nature n'a fourni au sculpteur un modèle de Vénus plus divin que ce beau corps ! ses contours ravissans offrent à l'œil exercé de l'artiste, et dans les proportions les plus parfaites, les ondulations de la vague mourante; ils sont si mollement arrondis, que le plus froid mortel n'eût pu les voir sans éprouver toute l'ardeur du désir. C'était, dans chacune de ses parties, ce beau idéal que l'imagination d'Alcamène et de Lysippe a su prêter à leurs immortels ouvrages. C'était le sein d'Hélène, le bras de Léda, le genou d'Atalante et la bouche d'Erigone. Mais l'art n'a jamais pu s'élever jusqu'à ces charmes qui lui soumettaient tous les cœurs, sitôt que le désir de vaincre naissait en elle. Alors le génie de la volupté semblait confondre son haleine avec les airs légers qui voltigeaient autour d'elle; alors ses yeux lançaient les traits les plus aigus de l'amour, et malheur à l'homme qui eût voulu les braver! ah! comment aurait-il fait pour résister à ce regard languissant et expressif qui l'eût si tendrement attiré, aux séductions de cette bouche divine, à ce sourire enchanteur, à cette voix touchante, faite pour éveiller les sentimens les plus secrets, et qui porte dans l'ame un délire si doux? Et si, avant que la sagesse ait pu se mettre à l'abri de ses coups, elle parvient furtivement à s'emparer de chacun des sens pour en faire les instrumens de sa victoire, si elle précipite le dernier moment de l'ivresse..... qui pourra, dites-moi, qui pourra lui résister?

Mais, arrêtons! le naufrage qui nous semble presque inévitable est loin encore et peut-être incertain. La fuite qui, dans tous les cas, est ordinairement le parti le plus sage, était impossible en ce moment; Almansaris était trop près. Cependant, à la place de Huon, un véritable jardinier se serait enfui. Mais une corbeille de fleurs et de fruits qu'il porte, par hasard, à son bras, peut, si on l'interroge, lui fournir une excuse.

Il était naturel que cette belle reine, rencontrant un homme sur son chemin, éprouvât un mouvement de surprise. Que fais-tu là, demanda-t-elle au paladin, avec un regard qui eût été le coup de la mort pour tout autre neveu du vieil Ibrahim. Mais Huon, d'un air noble et respectueux, et les yeux baissés, se prosterne à ses pieds; il y dépose sa corbeille : c'est un sacrifice qu'il semble lui offrir. Dans l'espoir de la lui présenter, dit-il, il avait passé l'heure à laquelle les jardins se ferment à ses pareils. S'il en a trop fait, de sa tête il doit payer son zèle téméraire. Tandis que le bel audacieux est à ses pieds, la déesse semble méditer sur une résolution moins sévère. Elle jette sur lui un regard de bonté, et ce n'est qu'avec peine qu'elle paraît se déterminer à l'éloigner. Ce jeune homme, le plus beau qu'elle ait jamais vu, — beau comme les héros qui joignent la force à la dignité, — que sa couleur dénonce comme un étranger, — couvert de l'habit d'un jardinier, — toutes ces circonstances lui semblent peu naturelles. Elle fût entrée volontiers dans des détails avec lui, si les loix sévères de la bienséance ne l'eussent arrêtée. Enfin, elle lui fait signe de se retirer; mais elle accompagne cet ordre d'un regard très-expressif : puis se retire en silence, lentement, retourne souvent son beau cou pour le revoir encore, s'irrite de ce qu'il a si promptement obéi. Était-il donc trop timide pour comprendre un regard fait pour l'éclairer? son ame est-elle moins belle que sa personne? ce feu qui pétille dans ses yeux n'est-il qu'un feu trompeur? le danger qu'il courait l'a-t-il glacé? peut-être aussi cherchait-il dans ces lieux une autre aventure? — Une autre aventure! Ce soupçon lui découvre tout-à-coup ce qu'elle voudrait se cacher à elle-même. L'image de Huon l'agite et la poursuit; elle erre toute la nuit dans les bosquets et les allées, prête l'oreille au moindre bruit qu'excitent les zéphyrs qui s'élèvent ou les feuilles qui se touchent... Silence! dit-elle à sa confidente, écoutons! Je crois avoir entendu quelque chose derrière ce buisson! — C'est peut-être le beau jardinier, dit la maligne esclave; il est, ou je me trompe bien sur son compte, homme à risquer sa vie et à se mettre en embuscade derrière un buisson, pour jouir, encore une fois, d'une vue qui l'a transporté en paradis. Si nous allions tout doucement le guetter et le surprendre, ce bel audacieux?

Tais-toi, folle que tu es, dit la reine du harem; tu rêves, sans doute? Et cependant elle dirige ses pas légers tout droit vers le lieu d'où le bruit est parti. Ce n'était qu'un lézard qui venait de se glisser au milieu du feuillage. Un soupir à demi étouffé, et que reçoit en partie un bouquet qu'elle tenait sur sa bouche, confirme ce que Nadine a lu dans ses regards. Elle s'en retourne chagrine, s'irrite contre elle-même, se mord les lèvres, soupire, dit quelque chose, et oublie au troisieme mot ce qu'elle a voulu dire. Elle se fâche que Nadine ne lui fasse que des réponses vagues et ne devine pas ce qu'elle devrait deviner: la belle dame, en un mot, est amoureuse; son bouquet en fait l'épreuve, car elle le déchire, l'effeuille, l'éparpille, et le tout sans s'en appercevoir.

Son mal durait depuis trois jours ; la contrainte et les obstacles le fesaient empirer à chaque moment. Dès que le crépuscule du soir colorait les fenêtres du palais, elle abandonnait ses appartemens les cheveux en désordre, et parcourait, d'un pas rapide, les allées, les campagnes, tous les lieux enfin où elle espérait rencontrer le neveu d'Ibrahim. Mais c'est vainement, hélas ! que ses yeux épient, que son cœur bat d'impatience : quel qu'en soit le motif, le beau jardinier ne se montre plus. Malheureuse Almansaris ! ton orgueil succombe, se dit-elle à elle-même ; à quoi bon prolonger tes tourmens? pourquoi cacher à Nadine, qui, sans doute, le sait déjà, le mal qui te dévore? le mystère ne guérit pas la morsure du serpent. Elle espère trouver quelque consolation dans le sein d'une amie ; mais c'est une flatteuse qu'il lui faut, et Nadine excellait dans cet art des cours. Dans le climat brûlant de l'Afrique, toutes les fumées de la grandeur étaient moins propres à calmer les sens de la sultane, qui soupire après la volupté, que les conseils de cette amie, et les tendres soins qu'elle prend pour attirer dans ses filets l'homme dont son cœur est épris. L'introduire à minuit dans cette partie du harem sur laquelle le pouvoir d'Almansaris est sans bornes, n'est pas ce qui lui semble le plus difficile depuis que le sultan, son époux, l'abandonne entièrement à elle-même, pour se livrer à la passion que lui inspire la belle Zoradine. (Tel était le nom de cette étrangère, qu'un prodige avait récemment amenée sur ces bords.)

La nourrice ne s'était pas trompée en concluant que c'était Amanda, qu'à l'aide d'un éclair Titania avait arrachée des mains des corsaires, et conduite heureusement au rivage. Vous savez ce qui se passa lors de son arrivée ; vous savez qu'Almansor lui dévoua son cœur volage, et que la reine l'accueillit avec une tendresse feinte et mêlée d'envie. Le sultan était peut-être le plus bel homme qui jamais eût paru sous la voûte des cieux. Il savait si bien profiter de ses avantages, que nul cœur féminin n'avait pu, jusqu'à ce jour, lui résister. Il perdit sa renommée, pour la première fois, près de Zoradine. Il n'est qu'un seul homme pour elle sur la terre : pour lui seul elle a des yeux, des sens, des souvenirs. De la dignité sans orgueil, une indifférence noble et naturelle, une froideur sans contrainte, telles sont les armes avec lesquelles Amanda tient loin d'elle le maître qui a le droit de lui commander : à peine seulement si du muet langage des yeux il ose se plaindre de tant de rigueur; et voilà ce qu'Almansaris nomme le chef-d'œuvre de la coquetterie ! Habituée à diriger à son gré le cœur du sultan, à le dominer, à commander en souveraine dans le serrail, pouvait-elle, sans douleur, se voir arracher le sceptre par une étrangère ? Elle prête à sa haine, il est vrai, un masque souriant, et se conduit comme si Zoradine ne lui causait aucun ombrage ; mais les murs du harem sont pleins d'yeux cachés qui observent toutes ses actions. Cependant, depuis que les attraits du beau jardinier ont pénétré dans son cœur orgueilleux; l'amour en a banni la jalousie. Son ambition le cède à un plus doux désir.... la gloire de le retrouver, de le vaincre, est la seule à laquelle elle aspire; l'univers entier peut tomber aux genoux de Zoradine, pourvu qu'elle serre dans ses bras le mortel qu'elle adore. Elle prête elle-même les mains au projet de loger Zoradine loin d'elle, et plus convenablement, dans une autre partie du serrail, qu'Almansor s'empresse déjà de faire préparer. C'est un devoir qu'il regarde comme indispensable envers cette étrangère, quoiqu'elle ne lui ait pas confié le secret de sa naissance; mais il ne fallait qu'un coup-d'œil pour voir qu'elle était habituée à ne rien connaître au-dessus d'elle. C'est ainsi qu'Almansaris, avec une politesse adroite, éloigne de son appartement un témoin qui lui devient à charge; et, sans s'en inquiéter, laisse Almansor s'abandonner entièrement à son amour, et former des projets que cent bras, dans le harem, s'empressent d'exécuter.

Cependant, le beau jardinier se désespère; il se plaint de ce que, depuis plus de sept jours qu'il erre autour des murs où gémit Amanda (car son cœur lui dit qu'elle gémit), les astres impitoyables lui envient le bonheur de contempler, au travers d'une grille, cette femme chérie; de voir seulement la trace de son pied léger; trace que, sans doute, il reconnaîtrait au milieu de mille autres! Dans son chagrin cuisant, il a recours à ses amis. » Si vous m'aimez, leur dit-il, inventez un moyen, ou bien trouvez, à prix d'or, un être qui fasse seulement parvenir mon nom jusqu'à son oreille, et lui apprenne que je vis près des lieux qu'elle habite ». Silence ! s'écrie Fatmé, il me vient une idée : que ne lui envoyez-vous un *selam* (*) ? Je suis maîtresse dans cette langue : allez cueillir les fleurs qui nous sont nécessaires.

Hassan obéit : il court chercher des branches de myrte, des lys, du jasmin, des roses et des jonquilles. La nourrice alors lui demande un de ses cheveux, qu'elle tourne sur un fil de laiton doré qui lui sert à nouer le bouquet. Elle y insinue une feuille de laurier, sur laquelle Huon griffonne et entrelace un A avec un H. Voilà, dit Fatmé en arrosant ce bouquet d'essence de canelle, voilà la plus belle lettre que jamais amant ait écrite à sa maîtresse. Voulez-vous que je vous la traduise ?..... Ne perds pas de tems, s'écrie Huon ; je te remercie mille fois ! tu ne peux trop tôt m'apporter une réponse. Puisse l'amour te protéger et seconder ton entreprise ! Pars, nous t'attendons sur ce banc de gazon.

La bonne Fatmé partit ; mais n'ayant accès dans aucun des appartemens de l'intérieur du harem, le bouquet passa dans les mains de mille esclaves, et

---

(*) Les Selams ou Salams sont tout à la fois des présens et des signes dont les amans conviennent pour tromper la vigilance de ceux qui s'opposent à leur bonheur. De tous les peuples de l'Orient, les Persans sont ceux qui sont le plus dans l'habitude de se parler par les différentes espèces de fleurs, leurs couleurs et leur arrangement. — Voyez l'avis imprimé à la fin du septieme vol. des Œuvres badines de Caylus, édit. de 1787.

tomba enfin par erreur (car le hasard se mêle de tout sans qu'on l'en prie) dans celles de Nadine, qui, transportée de joie, le remit à la reine, après avoir pris maintes et maintes informations. Fatmé avait apporté cette lettre, Fatmé était l'esclave d'Ibrahim, le soupçon ne pouvait donc tomber que sur le bel Hassan : il n'est pas moins certain qu'entre toutes les femmes du serrail, il préfère la plus belle, et ce qui s'est passé naguère en est la preuve convaincante. D'ailleurs, que pouvaient signifier cet A et cet H entrelacés, sinon Hassan et Almansaris ? Et quand même, ce qui n'est pas vraisemblable, ce message serait pour une autre, ne serait-ce pas un triomphe plus glorieux d'enlever de vive force à son ennemie un cœur qui lui appartient ? La jalousie qui, tout-à-coup, s'élève dans l'ame de la sultane, se joint à d'autres sentimens plus doux, et l'engage à ne pas différer plus loin que la nuit prochaine cette belle victoire après laquelle son cœur soupire.

Cependant, enchantée du succès de son message, et ne soupçonnant pas la moindre tromperie, la nourrice revient hors d'haleine et les joues colorées par la joie. Déjà son regard brille au loin, comme un rayon du Soleil au travers des nuages, lorsqu'ils commencent à se séparer. » Sire chevalier, lui dit-elle à voix basse, que me donnerez-vous, si les portes du ciel s'ouvrent dès aujourd'hui pour vous ? En un mot, vous verrez Amanda ! ce soir même, à minuit, la petite porte du bois de myrte restera ouverte. Vous suivrez, avec confiance, l'esclave qui vous y attend. Ne craignez aucune embûche : on vous

conduira sans accident près de l'objet de vos désirs «.
La bonne nourrice, qui ne se doute nullement de la
ruse, regarde comme très-sûr le chemin qu'elle-même
a frayé. » O Fatmé! s'écrie Huon, que d'obligations!
je la reverrai! cette nuit même! ah! quand je devrais
acheter ce bonheur par mille blessures, aux dépens
mêmes de ma vie, cet espoir ne m'en causerait pas
moins de joie «! Mon cher maître! dit Schérasmin,
j'ai bon courage; les astres nous sont propices : vous
délivrerez Amanda, et tout ira bien encore. Donnez-
moi seulement trois jours, et je m'assure, en secret,
d'un petit bâtiment que, non loin d'ici, je ferai
mettre à l'ancre dans une baie sûre, et qui, au
premier moment favorable, sera prêt à partir. La
cassette ne nous laissera pas manquer de moyens.
Ayons de l'or, et le monde est à nous; une clef de
ce métal, seigneur, ouvre toutes les serrures «.

Tandis que notre héros compte, avec impatience,
les heures qui précèdent celle de son bonheur, et qu'à
son approche il sent redoubler le battement de son
pouls, non moins impatiente, la belle sultane soupire
après minuit. Le destin, complaisant, favorise ses
desseins et la met à l'abri de toute surprise. Une
grande fête que le sultan donne, dans son palais,
à la belle Zoradine, et à laquelle sont invitées toutes
les odalisques, laisse à la reine une entière liberté
dans la partie du serrail qu'elle habite. Personne ne
fut surpris qu'elle se dispensât de paraître à cette
fête. Une migraine, au contraire, dont elle fut
attaquée tout-à-coup et fort à-propos, sembla très-
naturelle.

Il est minuit. Le beau jardinier s'approche doucement de la petite porte au travers des bosquets. Oh! combien son cœur bat! la respiration est prête à lui manquer alors que, dans les ténèbres, il se sent saisi par une main délicate qui l'attire après elle. Il la suit en silence ; il marche sans bruit, tantôt en montant et tantôt en descendant le long d'un chemin étroit, obscur et souvent tortueux. La main le quitte devant une autre porte : où sommes-nous, dit-il à voix basse en frappant dans les siennes? Tout à-coup la porte s'ouvre. A l'aide d'une faible lueur, semblable au jour qu'offre un bosquet de myrtes mariés au sombre feuillage du lierre, il entrevoit une longue file d'appartemens. A mesure qu'il avance, la lueur devient clarté, et se transforme bientôt dans l'éclat le plus brillant. Ses yeux sont éblouis d'une magnificence qui surpasse tout ce qu'il a jamais vu. L'or, le lapis et tous les trésors de Golconde et de Siam sont accumulés dans ces lieux avec une orgueilleuse prodigalité. Mais c'est elle que cherchent ses regards amoureux et non satisfaits. Où est-elle, s'écrie-t-il en soupirant? A peine ce soupir échappé, un rideau s'ouvre subitement, l'étoffe d'or se déploie avec fracas de droite et de gauche, et quel spectacle s'offre à son œil étonné! Sur un trône superbe, une femme telle qu'un statuaire livré à son imagination enchantée, peut se représenter la mère de l'amour. Douze nymphes, toutes jeunes et pleines d'attraits, voltigent autour d'elle, semblables à l'aube du jour, qui semble destinée à relever encore l'éclat du Soleil levant. Couvertes à peine d'un voile couleur de roses, elles sont aux pieds de leur reine comme les nuages légers que les poëtes nous représentent flottant autour du char de Cythérée. Almansaris elle-même, richement vêtue et ornée de mille pierreries de diverses couleurs, montre au mortel qu'elle aime que cet éclat emprunté n'est point capable d'obscurcir l'éclat naturel de sa beauté.

Huon lève les yeux et reconnaît Almansaris. Il se trouble, s'épouvante et recule. Que signifie cette vision voluptueuse, éblouissante? Il ne voit pas Amanda! son cœur la demande, ses yeux la cherchent. Almansaris, erreur trop pardonnable, croit que son éclat seul et le trouble et l'éblouit; elle descend de son trône, vient en souriant au-devant de lui, le prend par la main, et semble prête à déposer, en sa faveur, cette majesté qui l'étonne, à ne profiter que de l'avantage de ses charmes. Peu à peu son air devient plus libre, dans ses yeux brûle un feu tendre, qui pénètre dans le sein du chevalier. Elle lui presse doucement la main; elle l'engage à prendre un air plus riant. Dans ses regards indécis, elle croit voir qu'il a quelque chose à lui dire : elle fait signe à ses nymphes de s'éloigner. Le courage d'Hassan s'envole avec elles. Il semble trop craintif pour oser seulement lever les yeux. La scène change. Un second rideau s'ouvre. Almansaris conduit son berger timide dans une salle dont tout-à-l'entour les parois sont décorées de myrtes et de roses. On y voit une table couverte de rafraîchissemens. Bientôt des voix et des instrumens se font entendre. La lyre et les chants sont inspirés par le génie du plaisir. La sultane invite le bel Hassan à s'asseoir vis-à-vis d'elle. Une tendre impatience, un désir timide, une certaine hardiesse mêlée de crainte, qui se peignent dans les regards incertains d'Almansaris et répandent un vif incarnat sur ses joues, lui apprennent qu'il est vainqueur. Mais les yeux du chevalier ne sont animés que par un feu triste et sombre. Rassurés, il est vrai, ils se promènent maintenant, avec liberté, sur ses charmes ; mais l'amour ne s'y montre pas comme elle le voudrait ; on n'y voit point ces désirs languissans ; ils ne sont point appesantis par les pleurs de la volupté. Il est distrait ; il a l'air de la comparer, et chacun de ses attraits, qui se découvrent successivement à ses regards, lui retrace plus vivement encore la figure noble d'Amanda, et doivent le céder à ses chastes appas.

Vainement elle lui présente une riche coupe, en lui lançant un regard plus pénétrant que tous les traits de l'amour. A la table des dieux, la jeune Hébé n'offre pas le nectar à son cher Hercule avec un plus doux sourire. Hassan, d'un air glacé, reçoit la coupe qu'à peine cette belle bouche a touchée. Il boit ; mais on dirait qu'il sent déjà l'effet d'un poison. La reine fait un signal : aussi-tôt la troupe des nymphes, qui naguère environnaient son trône, commencent des danses capables de rendre à la vie les victimes du trépas, et de donner aux esprits une enveloppe matérielle. Tantôt formées en grouppes, tantôt deux par deux, elles offrent aux regards de Huon les figures les plus aimables sous mille aspects divers. Il est trop évident, peut-être, que tout cet appareil a pour but d'exciter ses désirs. Qu'il le pense s'il le veut, se dit Almansaris, pourvu seulement qu'il sente. O combien est riche le spectacle que présente ici la beauté ! combien est ravissant ce doux balancement des bras, ce mouvement voluptueux du corps, cette souplesse dans les articulations ! avec quel abandon elles retombent, les yeux languissans et à demi-fermés, comme si, du sein d'une mort douce, elles revenaient par degrés à la vie !

Le noble guerrier sent, malgré lui, ses sens enchantés succomber à tant de délices. Il ferme à la fin les yeux avec violence, et appelle à son secours l'image d'Amanda telle qu'elle était à cette heure imposante, où, le cœur enivré d'un baiser qu'elle venait d'imprimer sur ses lèvres, il fit serment à l'Être tout-puissant qui créa l'univers, d'être fidèle à l'amour. Prosterné en lui-même devant cette image sacrée, il renouvelle son serment. Alors on eût dit qu'un ange protecteur plaçait son bouclier devant sa poitrine ; les traits de la volupté s'émoussaient contre lui, et retombaient sans force. Almansaris, attentive à tout ce que ses regards lui décèlent, frappe aussi-tôt dans ses mains, et, d'un clin-d'œil, met fin à ces danses voluptueuses : puis, résistant avec peine au désir qu'elle éprouve d'animer, en le serrant dans ses bras, ce jeune homme aussi froid que le marbre, elle a recours encore au moyen qui lui semble le plus infaillible : elle se fait apporter son luth. Nonchalamment appuyée sur un sopha couvert de coussins, embellie par le feu qui colore son visage enchanteur, quel succès n'a-t-elle pas droit d'attendre de la faveur des muses ?

Avec quelle rapidité ses doigts de rose parcourent à l'envi les cordes qu'ils animent! combien est ravissant le jeu de ses beaux bras, que laissent voir ses vêtemens rejetés en arrière! Et sitôt que d'un sein fait pour enivrer les sages eux-mêmes on entend une voix qui exprime le sentiment le plus vif, comment notre héros pourra-t-il se défendre d'adorer à genoux cette divinité?

La mélodie était douce et le sens des vers expressif. C'était la chanson d'une bergère qui cachait, depuis long-tems, une passion qui ne lui laissait aucun repos; mais ne pouvant résister davantage à sa force toute-puissante, elle fesait, en rougissant, l'aveu de son tourment, et déclarait vainqueur celui qui le causait. Cette chanson, il est vrai, était écrite dans un livre; mais pour la chanter comme elle, il fallait brûler des mêmes feux. Ici l'art orgueilleux le cède à la nature victorieuse: l'oiseau seul de Vénus fait entendre des sons aussi expressifs. Le langage d'un sentiment si bien exprimé, des sons clairs et purs, souvent interrompus par des soupirs, le vif incarnat des joues, les battemens redoublés du sein, en un mot, tout est plein de la passion qui la dévore: vaincue par sa violence, le luth échappe de ses mains; ses bras s'ouvrent...... Huon frémit. Mais inspiré soudain, il saisit, à la hâte, le luth prêt à tomber, et, d'une voix sonore, il chante la réponse. Il avoue qu'une autre possède son cœur, et que, sur la terre et dans les cieux, rien ne pourra le rendre infidèle. Sa voix était ferme et son regard imposant. Malgré elle, l'enchanteresse en fut frappée; elle pâlit, et ses yeux irrités se remplissent de larmes. L'amour combat sa fierté ; elle se couvre aussi-tôt de son voile ; la lumière lui devient odieuse : cette vaste salle lui semble trop étroite ; elle regarde ses femmes d'un air glacé, et leur fait signe d'emmener sur-le-champ cet ingrat.

Les premiers rayons de l'aurore commençaient à rougir la cîme des monts, quand, le front chargé d'ennuis, notre héros revient près de ses amis. Dès qu'ils le virent, ils lurent, avec effroi, sur son visage, une partie de son histoire. Malheureuse! dit-il à Fatmé, qui, de honte, se laisse tomber par terre, qu'avais-tu fait de ta raison? Mais je te pardonne, tu as été trompée toi-même. — Après leur avoir fait le récit de son aventure, il saisit le bon vieillard à la poitrine, et jure qu'une fois armé d'une lance et d'un bouclier, tel qu'il convient à un chevalier, toute la puissance de l'Afrique ne pourra l'empêcher de pénétrer dans le palais, et d'enlever au sultan son Amanda. Tu vois maintenant toi-même, ajouta-t-il, à quoi m'a servi la ruse !

Schérasmin, à ses pieds, le conjure long-tems, en vain, de se soumettre, avec patience, pendant trois jours encore à l'état obscur, mais nécessaire, qu'il a pris, et de ne pas compromettre sa vie et celle d'Amanda, par une démarche qui serait, aux yeux de la vaillance elle-même, un coup de désespoir. Il lui demande ces trois jours seulement, pour lever tous les obstacles qui s'opposent à sa fuite. Fatmé, à genoux, joint aussi ses prières aux siennes : elle offre sa tête à sa vengeance, si pendant ce court espace de tems elle ne parvient pas à pénétrer chez Amanda ; elle jure qu'elle n'aura point à rougir d'avoir été trompée deux fois. Le chevalier sent enfin que la colère n'est pas le meilleur moyen de parvenir à son but. Il donne sa parole, et retourne au jardin attendre, en travaillant, la fin de cette aventure.

CHANT DOUZIEME.

Nouvelles tentatives d'Almansaris. Arrivée soudaine d'Almansor. Sa colère. Huon conduit dans un cachot. Visite que lui rend la Sultane. Vains efforts de Zoradine pour sauver le Chevalier. Ils sont tous les deux condamnés aux flammes. Apprêts du supplice. Oberon rend sa faveur aux deux Amans. Danse des infidèles. Retour à Paris. Tournois. Conclusion.

CEPENDANT sur des coussins de damas, Almansaris cherche en vain quelque repos; elle recèle dans son sein les feux les plus dévorans.... Cet horrible événement de la nuit dernière est-il possible? ou bien un songe t'a-t-il abusée? un homme te méprise, Almansaris! un homme a pu te voir et brûler pour une autre! il t'a dédaignée, il a même osé te le dire! Cette pensée excite toute sa fureur: elle se promet une vengeance terrible. O combien il lui est odieux! un monstre est cent fois moins horrible que ne l'est à ses yeux cet ingrat! Mais pour combien de tems? En deux minutes, elle oublie son injure: tantôt tout son sang doit couler goutte à goutte devant elle; tantôt ivre d'amour elle le presse contre son sein. Oui! le voilà dans toute sa beauté, le premier de tous les hommes, un héros, un dieu! lui, le neveu d'Ibrahim! — Impossible. — Son air, ses discours, sa personne, tout annonce ce qu'il voudrait vainement cacher. La nature a-t-elle jamais imprimé son sceau sur un roi, d'une manière à le rendre aussi reconnaissable? oui! lui seul est digne d'elle! lui seul est digne de jouir de ses embrassemens! oh! que n'est-elle armée de la foudre pour anéantir l'ennemie qui le tient enchanté, et lui dispute la victoire! Eh quoi, Almansaris, ne sens-tu pas ce que tu vaux? veux-tu lui envier le misérable orgueil de se pavaner de son héroïsme? de te résister à toi-même?.. Ah! tous ces obstacles ne serviront qu'à rendre plus délicieux le plaisir de vaincre : avant de perdre courage, commence par l'attaquer avec chacun de ces charmes dont la beauté s'enorgueillit, et, pour le toucher plus sûrement, renonce à ces ornemens étrangers dont l'art nous surcharge. Que ses yeux voient des trésors qui feraient envie aux dieux mêmes, et que son cœur en sente tout le prix! S'il n'en est pas touché, s'il ose encore te dédaigner.... reine, que ta fierté s'éveille, livre-toi au doux plaisir de la vengeance!

Tels sont les conseils que, par la bouche d'une suivante, lui souffle, à l'oreille, le petit démon que vous voyez assis en maître sur le globe terrestre, ayant sur son épaule un carquois plein de flèches, qui enivre l'univers de sa coupe magique, et que celui qui le connaît mal nomme, à tort, le dieu de l'amour. Femmes jeunes et belles, mais encore sans expérience, sachez que son véritable nom est Asmodée. Almansaris qui, dans son ame ardente, a déjà reçu un séducteur, est moins que jamais en garde contre ce dieu perfide, dont le souffle nourrit et entretient sa flamme : à peine seulement si elle songe à feindre la résistance; et c'est ainsi qu'Asmodée se rend son vainqueur. La flatteuse suivante, son digne organe, forme aussi-tôt son plan avec beaucoup de sagesse.

O vous, heures ! dérobez à l'éclair ses ailes de feu, pour amener au plutôt ce moment si doux ! toute rapide qu'est votre course, elle est encore trop lente pour les désirs ardens. — Mais la reine n'est pas la seule qui compte tous les instans. Agité par son impatience, Huon lui-même survit à peine à la marche tardive des trois jours odieux qui lui sont demandés. Soit qu'il veille ou qu'il dorme, Amanda est, sans cesse, présente à sa pensée.

Ce jour, après lequel la reine du serrail soupire si ardemment, arrive enfin : il arrive dans tout son éclat : les fleurs répandent un doux parfum sur son passage ; il s'avance, et semble annoncer à la reine la plus belle des victoires. Déjà le zéphyr léger murmure au travers des myrtes épais qui ceignent la plus agréable des grottes, et, dans les bois voisins, mille oiseaux divers entonnent leur chant matinal. Les entours de cette grotte, ces bosquets de myrtes, servent de sanctuaire au repos, un crépuscule éternel l'éclaire. Là, on n'entend que la tendre tourterelle roucouler ses désirs à son époux. C'est dans cet aimable lieu, asyle sombre et tranquille, que souvent, au lever de l'aurore, Almansaris se rend pour se baigner.

Pendant que tout sommeille encore, les charmes de la matinée appellent Hassan au jardin, pour y remplir de fleurs les corbeilles que chaque jour il doit envoyer au harem. Il y était à peine qu'un esclave vint lui porter l'ordre de décorer la grotte de fleurs. Pour exciter son zèle, l'africain ajouta qu'une dame avait l'intention de s'y baigner. Peu satisfait de cet ordre, Huon, cependant, se dispose à l'exécuter. Il remplit une immense corbeille des trésors variés de Flore, et se rend au lieu désigné. Il était loin de concevoir le moindre soupçon. Cependant, à l'entrée de la grotte, il éprouve un frisson extraordinaire : il croit sentir un bras invisible qui le repousse. Surpris et frappé, il pose ses fleurs à terre; mais revenu bientôt à lui, il sourit de sa peur. La lumière incertaine qui, dans ce labyrinthe, luttait contre l'obscurité et vacillait sous mille formes successives, lui parut être la véritable cause de cette terreur passagère. Guidé par une lueur qui allait toujours en augmentant, il entre hardiment avec sa corbeille dans l'intérieur de la grotte. Là régnait un jour doux, que le désir malin semblait avoir choisi lui-même pour se livrer à des plaisirs clandestins. Ce n'était point le jour, ce n'était point le crépuscule ; il tenait le milieu entre l'un et l'autre, et ce qui manquait à chacun d'eux était ce qui le rendait plus aimable. Il ressemblait à la clarté de la Lune, dont les rayons argentés pénétrant au travers d'un bosquet de roses, prennent une teinte d'un rouge pâle. Quoiqu'en ce moment aucun danger ne le menaçât, le héros eut de la peine à ne pas se croire enchanté. Il est surpris que dans ce lieu où tout abonde en fleurs, on en exige encore. Mais qui pourra nous peindre ce qu'il devint alors que promenant ses regards de tous côtés, il vit une nymphe du paradis de Mahomet couchée sur un lit de repos, et dans tout l'éclat de la beauté la plus parfaite. Un jour qui tombe sur elle d'en haut comme par enchantement, et que relève encore l'obscurité d'alentour, laisse voir un sein dont la blancheur fait honte aux lys. Sa position lui découvre des appas dévoilés tels que ses yeux n'en virent jamais; des appas cent fois plus admirables que ceux pour lesquels le Jupiter des Grecs prit tant de formes diverses. La gaze, qui ne prête qu'une ombre légère autour d'un corps d'albâtre, et qui voltige çà et là sans le couvrir, semble joindre aux charmes de la nudité le charme de la pudeur. Retirez-vous, plume infidelle! Appelle et Titien, troublés, eussent laissé tomber leurs pinceaux!

Le chevalier demeure immobile et tremble : ses yeux, qu'il eût mieux fait, sans doute, de fermer, parcourent, avec délices, ce beau corps. Enivré d'une douce erreur, il reste là, et (pendant un instant seulement) croit voir Amanda, tant les charmes qu'il voit sont divins : mais se défiant, avec raison, d'un bonheur qui lui semble impossible, il approche, regarde, reconnaît Almansaris, se retourne et fuit..... Il fuit; et, dans sa course, il se sent arrêté, enveloppé par deux bras plus blancs que le lait. Il livre le combat le plus difficile que jamais homme ait livré depuis le tems de Joseph, le noble combat de la vertu, de la fidélité, de la jeunesse bouillante, contre la beauté, contre les appas les plus touchans et la volupté la plus séduisante. Son cœur est pur, inaccessible à un coupable enchantement; mais pourra-t-il long-tems résister à ces douces prières, à ces baisers pleins de feu, à ce sein contre lequel on le presse si tendrement? Oberon, dans ce pressant danger, où est ta baguette de lys, où est ton cor d'ivoire ? Il appelle à son secours, Amanda, Oberon, tous les anges, tous les saints..... et le secours arrive fort à propos; car à l'instant où les sens, fatigués d'une trop longue résistance, sont prêts à succomber, où la reine, animée par sa fureur amoureuse, l'a presque soumis à ses désirs, Almansor paraît.

Tel qu'une bête farouche que le chasseur a blessée, furieux d'aimer une femme qui le dédaigne, poursuivi, sans cesse, par son image, depuis une heure il parcourait les jardins. Conduit par le hasard dans le bosquet de myrtes, il croit entendre la voix d'Almansaris, et la porte de la grotte n'étant que poussée, il entre. Le démon qui, par la plus dangereuse de ses prêtresses, exposa la fidélité du chevalier, fit bientôt connaître à la reine l'approche d'Almansor, à sa démarche de sultan. Au secours ! au secours ! s'écrie cette femme adroite; et changeant tout-à-coup de rôle, elle a l'air de se défendre contre un furieux qui veut la déshonorer. Son regard farouche, ses vêtemens à demi-déchirés, sa chevelure en désordre, l'effroi du jeune jardinier, qui, sur cette accusation aussi hardie qu'imprévue, semble frappé de la foudre, le lieu où le sultan le trouve, tout, en un mot, conspire pour dénoncer en lui le coupable audacieux. O Allah ! s'écrie la perfide, je te rends grace d'être redevable de mon salut à Almansor lui-même. Puis s'enveloppant dans ses voiles, comme honteuse de sa nudité, elle débite une fausse histoire avec l'ingénuité de l'innocence. Elle raconte qu'à peine arrivée dans ce lieu pour s'y baigner : ce vil chrétien déguisé, avait eu l'audace de l'y surprendre, et que, malgré ses efforts, elle allait devenir la victime de sa violence, si, par bonheur, le sultan ne l'avait troublé dans son infâme entreprise. Pour justifier Hassan du crime odieux dont on l'accuse, un seul regard eût suffi; mais ce regard manque à son juge prévenu. Le héros dédaigne d'acheter sa vie au prix de la honte d'une femme. Il se tait, tend ses mains généreuses à des fers honteux, et se contente du témoignage secret de sa conscience.

Le sultan, que la situation de son ame rend encore plus prompt à condamner, demeure sourd et insensible à tout autre sentiment. A sa voix, mille esclaves se rassemblent; il veut qu'on emmène ce téméraire chargé de chaînes, et qu'on le jette dans un cachot obscur; il veut que le lendemain, à l'heure où l'iman, du sommet de la tour, appelle les fidèles à la prière, il soit livré, dans la cour extérieure du palais, aux flammes dévorantes, et que ses cendres, chargées de malédictions, soient dispersées par les vents. Le noble guerrier écoute son arrêt en silence; il jette encore un regard sur cette femme odieuse; et se soumet à son sort avec ce courage que donne seule l'innocence.

Jamais les rayons du Soleil ne pénètrent et n'éclairent l'effroyable tombeau dans lequel il est plongé. La nuit qui regne autour de lui ressemble à la nuit du trépas, et, dans son ame, s'évanouit l'ombre même de l'espoir. Fatigué des coups sévères du destin, las d'être, sans cesse, le jouet de la fortune inconstante, il soupire après le moment qui va le rendre libre. Si l'aspect du supplice cruel qu'il va subir l'épouvante, bientôt l'amour vient assoupir son effroi; il ranime,

avec une force surnaturelle, la nature qui chancelle. Amanda, s'écrie-t-il, j'ai juré de te demeurer fidèle jusqu'à la mort, et je tiens mon serment! O femme adorée! puisse-tu ignorer à jamais le malheur qui m'attend! puisse-tu l'ignorer aussi, ami fidèle et cher! Oh! avec quelle indifférence alors je me soumettrais à mon triste sort! Mais si vous l'apprenez, si vous apprenez de quoi je fus accusé, et qu'aux regrets que vous donnerez à mon trépas se joigne encore la pensée honteuse que je l'ai mérité!......
ô Dieu puissant, c'en serait trop à-la-fois! Cette mort cruelle suffit, sans doute, pour expier mes fautes! Je n'accuse personne; mais, Oberon, défends seulement de cette calomnie la mémoire de celui que tu as aimé. Défends encore mon honneur; protége Amanda: tu sais ce que j'ai fait! Lis-lui que la crainte du bûcher n'aurait pu me faire violer le serment sacré de lui rester fidèle.

Il dit, et la confiance renaît dans son ame avec l'espoir qu'Oberon l'exaucera. Bientôt après, le dieu couronné de pavots le touche de sa baguette, qui a le don d'assoupir toutes les peines de la vie; il berce de songes légers cet infortuné qui n'a pour lit que la pierre la plus dure. Peut-être son génie protecteur lui a-t-il envoyé lui même ce baume consolateur comme un gage de la fin prochaine de ses maux.

La moitié de notre hémisphère était encore couverte de ténèbres, quand un bruit sourd l'arrache au repos dont il jouissait: il croit entendre une lourde clef tourner dans la serrure: la porte de fer s'ouvre; une pâle lueur éclaire les sombres murs de la prison. Il entend marcher, il se soulève, et voit bientôt

Almansaris à ses côtés. Elle était richement vêtue ; une couronne ornait sa tête, et dans sa main elle tenait une lampe. Avec un sourire enchanteur, elle lui présente sa main de lys. » Me pardonneras-tu, lui dit-elle, une faute dont m'a rendu coupable la nécessité et non mon cœur ? ah! toi que j'adore, ne sais-tu pas que de ta belle vie dépend la mienne? Je veux, malgré ta résistance, t'arracher au supplice cruel auquel un barbare t'a condamné, et dont il vient d'ordonner les funestes apprêts, du haut d'un trône que tu mérites. L'amour va t'ouvrir la carrière de la grandeur, fais-la retentir du bruit de ta gloire : accepte cette main qui se donne à toi. D'un signe j'anéantirai ton persécuteur, et je ferai rouler, comme la poussière, tout son peuple à tes pieds. Confie-toi aux mains fidelles et sûres de l'amour; ce qu'il osera commencer, ton courage saura l'achever «.

Grande reine, arrête! tes offres ne font qu'accroître mes maux, en y joignant le regret d'un refus. Ah! pourquoi me forcer à te le dire? Mais ce n'est point par un crime que je veux racheter ma vie. Est-il possible, s'écrie-t-elle, l'égarement peut-il aller plus loin? Malheureux! à la vue des flammes qui vont s'élancer de ton bûcher, tu peux dédaigner Almansaris et un trône! Reine, reprit le guerrier, si je puis te servir aux dépens de ma vie, parle : le plaisir avec lequel je verserai pour toi mon sang, te prouvera si je suis un ingrat. Je puis, par reconnaissance, te sacrifier mon sang, ma vie, mais non pas mon honneur et ma foi. Tu ignore qui je suis, n'oublie pas qui tu es, et n'exige pas de moi ce qu'il n'est point en mon pouvoir de t'accorder.

De plus en plus excitée par sa résistance, Almansaris a recours à tous les moyens qui peuvent mettre sa fidélité aux plus rudes épreuves, et fatiguer son courage. Elle emploie tous ses charmes, elle menace, elle implore : ivre d'amour, abîmée de douleur, elle tombe à ses genoux ; mais le héros intrépide est inébranlable ; il demeure fidèle à l'amour qu'il a juré. Meurs donc, puisque tu le veux ! s'écrie-t-elle, furieuse et respirant à peine. Je veux être moi-même témoin de tes tourmens ; mes yeux avides s'en repaîtront avec volupté. Meurs insensé ; meurs victime de ta résistance opiniâtre ! C'est ainsi que, l'œil en feu, elle exhale sa fureur, et, les lèvres tremblantes, elle maudit le moment où elle le vit pour la première fois ; elle se maudit elle-même : puis se retirant précipitamment, elle fait gémir derrière elle, en les fermant, les portes de la prison.

Cependant, le bruit de ce fatal événement s'était déjà répandu et grossi dans la ville. Schérasmin et Fatmé venaient d'apprendre la triste histoire de leur maître. Le bel Hassan, disait-on, avait été surpris seul au bain avec Almansaris, par le sultan, et devait le lendemain, sans aucun espoir de grace, devenir la proie des flammes, dans la grande cour du palais. L'innocence de Huon n'était pas douteuse pour ses amis. Ils soupçonnaient le fond de cette aventure ; et d'ailleurs, quand même il aurait failli, son sort n'en serait pas moins digne de compassion. Ah ! c'est dans de pareils malheurs que se montre la vraie fidélité ! Au lieu de perdre le tems à gémir et à pleurer, ils résolurent de tout tenter pour le soustraire à cet affreux supplice, ou de mourir avec lui s'ils échouaient dans leur entreprise. Bref, avant le lever du jour, Fatmé eut l'adresse de tromper la vigilance des gardes, et de se glisser, sans être reconnue, jusque dans l'appartement où la belle Amanda repose et rêve à son époux. La joie de se revoir, ce bonheur inattendu leur ôte, pendant un moment, l'usage de la parole, et le premier mot que Fatmé peut articuler, c'est le nom de Huon, de cet époux tant aimé. Que dis-tu? chère amie! s'écrie Amanda en lui sautant au cou : mon cher Huon serait-il si près de moi? où est-il? Ah! princesse, si vous saviez! dit-elle en sanglotant. Venez à son secours, brisez ses fers, enfoncez les portes de sa prison! Par amour pour vous, cet infortuné va subir la mort la plus cruelle. Elle lui raconte tout ce qui s'est passé ; elle l'instruit de la fidélité du chevalier et de la vengeance de la sultane.

Déjà, dit-elle, le bûcher s'élève dans les airs, et c'en est fait de lui, si Zoradine ne le protége! A ces mots, Amanda se précipite de son lit en poussant un cri déchirant : l'air farouche, égaré, elle jette sur elle, à la hâte, une tunique légère, attache sa ceinture, et vole à l'appartement du sultan, au travers d'une foule d'esclaves qui la regardent avec admiration, et lui font place en silence. Elle entre, sans s'inquiéter s'il est encore trop matin, et, les cheveux épars, la pâleur sur le visage, elle se jette aux genoux du monarque. » Almansor, dit-elle, si ma vie te semble digne d'être conservée, ne me laisse pas vainement prosternée à tes pieds : fais serment d'exaucer ma prière, le repos de ma vie en dépend. Demande, ô la plus belle des femmes! répond le sultan d'un air à-la-fois surpris et satisfait : ne me laisse pas plus long-tems flotter dans l'incertitude : te plaire est le plus ardent de mes désirs. Parle sans déguisement. Mes trésors, mon trône, mes états, rien n'est au-dessus de tes souhaits et de ce qu'il est en mon pouvoir de t'accorder. De tant de biens, Almansor n'en excepte qu'un seul, et c'est toi-même. — Tu me le jures ? — L'africain, ivre d'amour, fait serment. — Eh bien ! accorde-moi la vie du jardinier Hassan « !

Comment ! s'écrie le sultan, d'un visage altéré : Zoradine, que signifie cette prière? que t'importe la vie de cet esclave ? — Elle m'importe beaucoup, Almansor; la mienne en dépend. — Hé quoi! ta raison est-elle égarée? le désordre regne-t-il dans tes sens? Pardonne ; mais tu abuses du pouvoir sans bornes que te donne la beauté. Demander la vie d'un misérable prêt à subir le châtiment dû à son crime ! — Il est puni de sa fidélité ! Son cœur m'est connu : c'est un homme inébranlable dans son devoir. Il est innocent, son honneur est sans tache ; et Almansor, tu ne voudrais pas te venger de son crime sur Zoradine? Le regard étincelant d'un courroux qu'il retient à peine, le sultan lui répond : Cruelle ! à quoi bon ces détours qui me désespèrent? quel mystère semble cacher cette énigme obscure, odieuse? quel rapport y a-t-il entre Hassan et toi? parle !.— Eh bien ! puisque tu le veux, apprends que je suis sa femme ! une union que rien ne peut dissoudre, un lien formé par le ciel même, attache mon bonheur, tout mon être à cet homme adoré ! La main terrible du destin nous accable de tout son poids : qui sait si bientôt elle ne s'appesantira pas sur ta tête ? Tu me vois malheureuse ; homme heureux ! respecte mon infortune ! Sauve-moi.... tu le peux !

— Quoi ! tu es la femme d'Hassan, et tu l'aimes ? — Au-dessus de tout ! — Malheureuse ! il t'est infidèle. — Lui ? ah ! sa fidélité, je le sais, est la seule cause de sa perte ! — Je dois croire ce qu'ont vu mes yeux ? — Il fut ainsi trompé le premier, et toi après lui. — Ne prends pas, dit Almansor, d'un visage irrité, ne prends pas une confiance trop orgueilleuse dans tes attraits ; un instant peut en détruire l'effet. Ton Hassan mourra. Je te plains. — Il mourra, tyran, et c'est toi qui ose me l'apprendre ! Il mourra, lui, qu'un mot de ta bouche suffit pour rendre à la vie ? La mort, reprit froidement le sultan, est le partage de quiconque transgresse les lois du serrail : cependant, puisque tu le veux, je laisse entre tes mains la vie ou la mort de cet esclave. O la plus belle des femmes ! rends-moi le repos que tu m'as ravi, rends-toi à mes vœux, et je dépose à tes pieds ma couronne et mon empire ; j'accorde sa grace à cet audacieux, et de plus, comblé de mes bienfaits, je le renvoie dans sa patrie ! Oh ! ne diffère pas plus long-tems un bien que tu désires ! un mot va décider de son sort et du mien.

Barbare ! s'écrie-t-elle avec la colère d'un ange, Zoradine n'achette pas si cher la vie de l'homme qu'elle aime ! Tyran ! sais-tu qui je suis ? Eh bien ! apprends que la dernière des suivantes, qui naguère me servaient, aurait dédaigné ton trône à ce prix ! Ma vie, je le sais, est en ta puissance ; mais n'espère pas en tirer avantage ; je puis aussi mourir ! Le tyran demeure interdit : le courage de cette femme l'épouvante : son lâche cœur est plus touché de ses menaces que de ses larmes ; mais, en même-tems, sa beauté attise, dans son ame, le feu du désir. Que ne dit-il pas pour pénétrer jusqu'à son cœur ? que d'ardentes prières ! que de fois il se jette et se roule à ses pieds ! mais en vain ; ni les menaces ni les prières ne devaient vaincre Zoradine. Elle est inébranlable. La mort lui semble préférable à cet outrage. Le sultan, d'une voix terrible, jure, par le tombeau de Mahomet, que rien ne peut la soustraire à son courroux, si elle ne se soumet incontinent à sa volonté. Si je me rétracte, dit-il, que le puissant Allah m'anéantisse ! De la salle voisine on entend ce prince furieux qui lui crie : Décide-toi : sois à l'instant mon épouse, ou meurs dans les flammes avec cet infidèle ! Elle le regarde d'un air irrité, et se tait. Décide-toi, s'écrie-t-il pour la seconde fois ! Délivre-moi de ta vue, répond cette amante sublime : les angoisses de la mort m'inspirent moins d'horreur. Maîtrisé par la rage, Almansor appelle, il donne l'ordre cruel : le chef des noirs se prosterne jusqu'à terre, et jure de l'exécuter.

Déjà l'affreux autel élevé jusqu'aux nues attend les victimes ; déjà le peuple en foule accourt et se presse ; le peuple ! avide d'émotions terribles, qui savoure, l'œil en pleurs, ces spectacles épouvantables et jouit en frémissant. Déjà ces amans (les seuls qu'Oberon ait trouvé purs !) réunis pour souffrir, réunis pour mourir, sont attachés au fatal poteau. Couple sublime, qui, ne formant qu'une seule ame, demeura fidèle à son premier amour, préférant une mort cruelle, au milieu des flammes, à un trône acheté par une infidélité. La foule, le cœur serré, porte sur eux des regards attendris, inquiette peut-être qu'un événement inattendu ne suspende le cours de cette horrible tragédie. Attachés comme le sont ces amans, la consolation de se voir leur est même refusée; mais, malgré la douleur qu'ils éprouvent, et malgré les tourmens qu'ils attendent, on voit briller, sur leurs visages, les rayons de la joie la plus pure; c'est leur amour mutuel qui les a conduits au bûcher. Le trépas qui couronne leur fidélité d'un laurier immortel est le choix de leurs cœurs. Ils pouvaient l'éviter.

Cependant, douze noirs s'approchent deux à deux, chacun un flambeau à la main. Ils entourent le bûcher, et, prêts à consommer le sacrifice, ils n'attendent que le signal de l'aga. Le signal est donné: ils allument...... Tout-à-coup, le tonnerre gronde, la terre tremble, la flamme s'éteint, les cordes dont est lié le couple fidèle tombent, et Huon voit le cor d'ivoire flotter sur sa poitrine. Au même instant, on apperçoit, dans le lointain, le sultan et Almansaris poussant de grands cris; ils accourent de différens côtés, l'un pour délivrer Zoradine, et l'autre pour délivrer Hassan. Tous deux sont suivis d'une troupe armée de lances et de poignards. Un chevalier couvert d'une armure noire, s'élance aussi l'épée nue au milieu de la foule épouvantée.

Mais Huon possède enfin le gage de sa réconciliation avec son cher Oberon. A peine il le voit suspendu à son cou que, d'une main tremblante de joie, il le saisit, et, sans différer, le porte à sa bouche. Les sons qu'il en tire sont plus harmonieux encore que tous ceux qu'il a fait entendre. Son noble cœur ne veut pas la mort d'un peuple lâche : danse, dit-il, danse jusqu'à ce que tes forces soient épuisées! Voilà la seule vengeance que le héros daigne se permettre. Le cor retentit à peine que le vertige s'empare d'abord de la multitude qui entoure le bûcher, populace basannée, à demi-nue, à demi-couverte de haillons, qui, tout-à-coup, tourne avec la rapidité d'un tourbillon ; la folie semble s'être emparée d'elle. Bientôt l'aga s'y joint avec ses nègres. Il est suivi par tout ce qui a des jambes, soit à la cour, soit à la ville, soit au serrail ; enfin, depuis le souverain jusqu'au dernier des manœuvres. D'un air maussade, le sultan saisit Almansaris par le bras : elle s'en défend ; mais à quoi sert l'humeur de l'un et la résistance de l'autre? *Le tumulte les entraîne tous les deux au milieu d'un essaim de danseurs.* En un moment, l'alarme est dans Tunis, et personne ne peut rester en place. La goutte et la paralysie, l'agonie même ne mettent pas à l'abri de cette bisarre frénésie.

Cependant, nos tendres amans, livrés au plus doux ravissement, se tiennent long-tems embrassés sans pouvoir proférer une parole. Ils ne jettent pas même un regard sur ce bal singulier. Leur ame peut à peine contenir l'excès de leur joie. Cette épreuve ne s'offre plus à eux maintenant que comme un rêve pénible. Ils sont réconciliés avec la fortune, leur faute est expiée, le destin favorable les a réunis de nouveau, rien ne pourra désormais les séparer : voilà ce qui les occupe en ce moment. Le brave Schérasmin, encore sur son coursier (c'était le chevalier aux armes noires) jouit intérieurement de la félicité à laquelle ils s'abandonnent. C'est lui qui était accouru avec la violence d'un ouragan, pour arracher ce couple chéri des mains de ces lâches maures, ou bien, s'il eût échoué, finir une vie qui, sans ce couple aimable, lui eût été insupportable. Il saute à bas de son cheval, et, suivi de Fatmé, ils pénètrent tous deux au travers de cette foule insensée, pour aider ces jeunes époux à descendre de leur trône et les recevoir en triomphe. Oh! que leur joie fut grande! Mais combien elle s'accrut encore, alors qu'ils virent descendre du haut des airs et s'arrêter à leurs pieds ce char attelé de cygnes, si bien connu d'eux! Ils y montent sans différer. Que ces vils africains dansent tant qu'Oberon le voudra! Le char aérien s'élève légèrement et sans secousses : il plane au-dessus des terres et des mers; ses mouvemens sont doux comme le sommeil, et son vol plus prompt que la pensée : des nuages argentés flottent autour de lui et semblent éclairer sa marche.

Déjà sur la cîme des monts et sur les collines, le crépuscule se confondait avec une vapeur incertaine; déjà les amans contemplaient la Lune réfléchissant son disque dans plus d'une mer, et le silence s'étendait toujours de plus en plus dans le vaste empire des airs. Les cygnes abaissèrent leurs ailes, et descendirent lentement sur la terre, et tout-à-coup s'offrit, aux yeux des voyageurs, un palais aussi brillant que s'il eût été formé par les rayons du Soleil couchant. Il était situé dans un bois délicieux, et au milieu de rosiers qui élevaient dans les airs leurs branches chargées de fleurs. Le palais répandait une partie de son éclat sur les bosquets d'alentour. N'était-ce pas dans ce lieu, dit Huon à voix basse et en tressaillant..... Mais avant qu'il eût achevé, une porte d'or s'ouvrit, et vingt jeunes femmes en sortirent. Belles comme le printems, les joues parées d'une fraîcheur qui ne s'éteint jamais, et vêtues d'un blanc éclatant comme le lys, elles venaient au-devant des deux époux que chérit Oberon : elles venaient en dansant, et chantaient les louanges dues à leur fidélité immortelle. » Venez, couple fidèle, venez recevoir, disaient-elles, la couronne que mérite une si belle victoire. Croyant jouir des félicités du monde à venir, les amans étonnés traversent les danses en se donnant la main, et soudain ils voient le génie brillant comme le Soleil alors qu'il se montre aux portes de l'orient. Ce n'est plus ce beau nain, cet enfant aimable : c'est un jeune homme dont la beauté est toujours dans sa fleur. Tel se montre à leurs yeux le roi des génies, la main ornée de l'anneau de Salomon.

A ses côtés, Titania, couronnée de roses, brille d'un éclat plus doux. Dans leurs mains réunies est une couronne de myrte. » Époux fidèles, disent-ils d'une voix douce et touchante, recevez cette couronne si bien méritée ; elle est le prix de la plus belle des victoires : tant que vous conserverez ce gage de notre amour, la félicité des cœurs sensibles ne vous abandonnera pas «. A peine Oberon a prononcé ces derniers mots, que, du haut des airs, on voit s'abaisser un nuage : au son des harpes dorées, trois belles filles en descendent le sein paré de lys. La troisieme porte dans ses bras un enfant d'une beauté admirable : elle le dépose sur les genoux de Titania. La reine s'incline vers lui avec un doux sourire, et le rend à sa mère.

Au milieu des chants d'allégresse des jeunes femmes qui rangées sur deux haies, parsèment leur chemin de fleurs, ces heureux époux entrent, par une large porte d'or, dans le palais d'Oberon. Leur bouche n'a jamais rien proféré sur ce qu'ils virent et entendirent dans ce beau lieu. On sait seulement que toutes les fois qu'ils en parlaient, leurs yeux s'élevaient vers le ciel et se remplissaient de larmes de joie. Ce songe fortuné se perdit dans un doux sommeil : en s'éveillant, ils se trouvèrent sur un banc de mousse, dans les bras l'un de l'autre. Près d'eux étaient quatre chevaux richement harnachés, et sur les bosquets on voyait, par monceaux, un mélange éclatant d'armes, de bijoux et de vêtemens.

Sire Huon, dont le cœur nage dans la joie, éveille son fidèle vieillard ; Amanda cherche son fils, qui dormait encore sur le sein de Fatmé Ils regardent autour d'eux, et quel fut leur étonnement! » Dans quel pays, seigneur, croyez-vous être, s'écrie Schérasmin enchanté? Mettez-vous à cette place, regardez au couchant, et dite-moi ce que vous voyez«? Le chevalier regarde ; il en croit à peine ses yeux, lui qui a vu tant de choses, et que les prodiges ne devraient plus étonner. C'est la Seine sur les bords de laquelle ils sont! c'est Paris qui s'étend au loin devant eux! Il se frotte et les yeux et le front : il observe encore, examine et s'écrie : Est-il possible

P

que déjà je touche au terme de mes travaux? Mais bientôt un nouveau spectacle s'offre à ses regards; il lui semble qu'autour du palais tout est en mouvement. Le son aigu de la trompette se fait entendre: une troupe de chevaliers s'avance légèrement vers la place du tournois : la lice est ouverte. Mon bonheur surpasse mes espérances, s'écrie Huon. Vole, ami : si rien ne m'abuse, on donne un tournoi ; vole et reviens m'en apprendre la cause.

Le vieillard obéit. Cependant, Fatmé couvre Amanda des vêtemens qu'elle avait trouvés sous ses pas pour la faire paraître avec l'éclat qui convenait à son rang et à sa beauté. Huon, pendant ce tems, tient son fils sur ses genoux, et le couvre de ses baisers paternels. Il voit, avec un plaisir secret, que les charmes de son épouse ne peuvent ni perdre ni gagner avec tous ces vains ornemens ; que son sein soit ombragé par une rose, ou couvert de l'éclat d'un bouquet de pierreries : beau par lui-même, animé par l'amour, à l'un il n'emprunte rien, et près de l'autre on voit que rien ne lui manque.

Schérasmin est de retour. Il annonce que depuis trois jours la lice est ouverte. » Charles, sans cesse guidé par son ressentiment, dit-il, a fait proclamer un tournoi dans tout l'empire; et devinez, seigneur, quelle récompense attend en ce jour le vainqueur? Rien moins que les états de Huon ! car l'empereur est loin d'imaginer que couvert de gloire il vous verra revenir de Babylone «. Allons, donne-moi mes armes, s'écrie le guerrier transporté de joie. Jamais tout autre message n'aurait pu m'être aussi agréable. Les biens que la naissance m'a donnés, je veux les devoir à mon courage. Si je ne les mérite pas aujourd'hui, que l'empereur les accorde au plus digne. Il dit, et voit Amanda lui donner son consentement par un doux sourire. Le battement de son sein est pour lui le présage de la victoire.

Ils s'élancent tous sur leurs coursiers et s'avancent vers la ville. On les regarde, et par-tout leur magnificence attire l'admiration. Dans les rues, les gens oisifs courent après eux. Huon arrive enfin avec Amanda, à l'entrée du champ clos. Après avoir pris congé d'elle et laissé Schérasmin pour la défendre, il baisse la visière de son casque et s'élance dans la carrière. Un bruit confus de louanges accueille des deux côtés ce guerrier, qui, par son air et par sa force, semble surpasser les plus fameux d'entre ceux qui se sont dévoués aux travaux de la chevalerie. Le paladin qui, dans les trois jours, avait remporté le prix de la course, se tenait à l'une des extrémités de la lice, monté sur un superbe cheval, et d'un œil jaloux regardait cet inconnu. L'empereur entouré des princes, était placé sur le balcon du palais.

Huon, suivant l'usage de sa profession, s'incline profondément devant le souverain, puis devant les dames et les juges. Alors, fesant caracoler son coursier vigoureux tout autour de l'arène, il annonce au vainqueur qu'il vient lui disputer le prix. Il aurait dû déclarer auparavant et son rang et son nom; mais le serment qu'il est français, et la richesse de son armure, le font dispenser de la loi. Dans un faisceau de lances, il choisit la plus pesante, la balance légèrement dans les airs et se rend, avec confiance, à la place où le combat doit commencer. O combien est agité le cœur d'Amanda! que d'ardentes prières elles adresse au génie Oberon et à tous les anges, alors que la trompette bruyante donne aux guerriers impatiens le signal du combat.

Le chevalier qui, jusqu'à ce jour, a fait baiser la terre à ses rivaux, se sent violemment irrité de l'obligation où il est d'exposer de nouveau sa fortune et sa gloire. Il était fils de Daulin de Mayence, et les combats de lances n'étaient qu'un jeu pour lui. Plein de rage, il fond avec la rapidité de la foudre sur son adversaire; mais Huon, sans chanceler seulement sur ses arçons, l'atteint vigoureusement au milieu de la poitrine, et le renverse par terre avec une telle violence, que tout son corps en est meurtri; il est hors d'état de recommencer le combat, et quatre pages l'emportent évanoui loin de la lice. Un cri de joie et de victoire s'élance jusqu'aux nues.

Huon reste seul en vainqueur sur le champ de bataille : il y demeure quelques instans; mais personne ne se présentant pour lui disputer le prix, il pousse son coursier vers Amanda, qui, élevée sur un superbe palefroi, a l'air d'une déesse. Il la conduit au palais, l'aide à descendre dès qu'ils y sont arrivés, et la soutient le long des degrés de marbre, au milieu des cris de joie mille fois répétés de la multitude empressée. Un voile semblable à un nuage argenté, et que tous les yeux cherchent vainement à pénétrer, couvre le visage d'Amanda. La foule, impatiente d'apprendre l'issue de cette aventure, suit à grands flots le noble couple. La salle s'ouvre, et l'on voit le vieux Charles assis sur un trône élevé, revêtu des marques de la dignité impériale, et entouré de ses pairs.

Huon ôte son casque; il entre : ses beaux cheveux flottent en boucles sur ses épaules, tel on peint

CHANT DOUZIEME.

le dieu du jour! Tous les assistans l'ont bientôt reconnu; ils tremblent pour lui. Le vieux monarque croit voir l'esprit du chevalier. Tenant Amanda par la main, le guerrier s'approche du trône, et dit: » Grand prince! fidèle à ses devoirs, fidèle à son serment, tu revois ton vassal de retour dans tes états. Les conditions que tu as mises à ce retour, je les ai remplies avec l'aide du Tout-Puissant. Cette boîte renferme la barbe et les dents du sultan, pour lesquels, soumis à tes ordres, j'ai exposé mon corps et ma vie. Dans cette jeune beauté, contemple l'héritière de son trône, et mon épouse chérie «. A ces mots, le voile tombe, et les attraits célestes d'Amanda répandent, dans la salle, une clarté nouvelle: on eût dit qu'un ange se montrait aux spectateurs étonnés dans son éclat divin, mais tempéré, de peur de les éblouir. C'est ainsi que la compagne de Huon, vêtue d'un léger tissu d'argent et la tête ornée de la couronne de myrte, parut à leurs yeux surpris et charmés. Invisible à tous les regards, la reine des fées se serre contre son amie, et lui soumet bientôt tous les cœurs.

L'empereur descend de son trône, et les accueille avec bienveillance. Les princes se pressent autour de Huon: ils embrassent en frères ce jeune et noble guerrier, glorieusement échappé à une entreprise si difficile. Le courroux expire enfin dans le cœur de Charlemagne. Il prend, avec bonté, la main du héros, et dit: Puisse notre empire avoir toujours un prince qui l'égale en vertus!

FIN.

TABLE.

CHANT PREMIER.

Invocation et exposition. Huon de Bordeaux part pour Babylone. Il rencontre, dans une forêt près du Liban, Schérasmin, ancien écuyer de son Père, et lui fait le récit de ses aventures, du meurtre de Charlot, fils de Charlemagne, de son combat contre Amory, et des conditions que l'Empereur lui impose pour expier la mort de son fils. Schérasmin part avec Huon. p. 1

CHANT SECOND.

Huon et Schérasmin défont une troupe d'Arabes. Entrée de nuit dans une forêt. Terreur de Schérasmin. Orage, Procession, Danse singulière des Moines et des Nonnes. Oberon se fait connaître au Chevalier. 19

CHANT TROISIEME.

Huon rompt une lance avec le Prince du Liban et avec ses Chevaliers. Il délivre Angela, l'épouse du Prince, de la captivité où la retenait le Géant Angulaffre. Rêve de Huon. 33

CHANT QUATRIEME.

Huon fait à Schérasmin le récit de son rêve. Combat contre un Lion prêt à dévorer un Sarrasin. Perfidie du Sarrasin. Les deux Guerriers arrivent à Bagdad. Une vieille femme leur donne l'hospitalité. 49

TABLE.

CHANT CINQUIEME

Songe de Rézia, fille du Calife de Bagdad. Mariage de cette Princesse avec le Prince des Druses. Repas de nôces. Huon trouble la fête. Danse des Mahométans. Enlévement de Rézia favorisé par Oberon. page 65

CHANT SIXIEME.

Arrivée des Amans à Ascalon. Visite d'Oberon; ses avis. On s'embarque. Baptême de Rézia. Transports de Huon partagés par sa Maîtresse. Schérasmin, pour les distraire, leur propose le récit d'un Conte. Histoire de Janvier et de Mai. 86

CHANT SEPTIEME.

Arrivée à Lépante. Huon se sépare de Schérasmin. L'un s'embarque pour Rome et l'autre pour Marseille. Délire de Huon. Tempête horrible. Jugement en pleine mer. Beau dévouement d'Amanda. Les Amans atteignent une île déserte. Leur détresse. Grossesse d'Amanda. 112

CHANT HUITIEME.

Peines de Huon pour adoucir le sort d'Amanda. Son arrivée chez un Hermite. Accueil qu'il y reçoit ainsi que son épouse. Sages conseils que leur donne cet homme vénérable. Amanda approche du terme de sa grossesse. Titania, Reine des Génies, la protège. Couches d'Amanda. 138

TABLE.

CHANT NEUVIEME.

Fatmé vendue à Tunis. Schérasmin, après avoir long-tems erré pour trouver son maître, y arrive. Fatmé et lui se reconnaissent. — Mort de l'Hermite. Affreux changement dans l'Ile. Amanda perd son fils. Elle est enlevée par des Pirates. Disgrace de Huon. p. 159

CHANT DIXIEME.

Situation cruelle de Huon. Oberon commence à s'attendrir. Arrivée miraculeuse du Chevalier à Tunis. Fatmé lui apprend qu'une belle inconnue vient d'être renfermée dans le serrail d'Almansor. Huon se fait Jardinier. 175

CHANT ONZIEME.

Violent amour d'Almansaris pour Huon. Ses tentatives pour le séduire. Résistance du Chevalier. 189

CHANT DOUZIEME.

Nouvelles tentatives d'Almansaris. Arrivée soudaine d'Almansor. Sa colère. Huon conduit dans un cachot. Visite que lui rend la Sultane. Vains efforts de Zoradine pour sauver le Chevalier. Ils sont tous les deux condamnés aux flammes. Apprêts du supplice. Oberon rend sa faveur aux deux Amans. Danse des infidèles. Retour à Paris. Tournois. Conclusion. 207

De l'imprimerie de CLOUSIER, rue de Sorbonne.

www.ingramcontent.com/pod-product-compliance
Lightning Source LLC
Chambersburg PA
CBHW071859160426
43198CB00011B/1160